黑暗年代

THE DARK AGES

再造
耶鲁法学院

〔美〕
劳拉·凯尔曼 著

阎天 译

北京大学出版社
PEKING UNIVERSITY PRESS

目　录

楔子：从一个梦说起　| 001

"六十年代"驾临耶鲁　| 021

火灾之后　| 107

尾声：胜利？　| 129

致谢　| 147

注释　| 153

附录　| 197

　　地名志　| 199

　　人物志　| 202

译后记　| 223

楔子：从一个梦说起

1

过去二十年间,我作为研究耶鲁法学院的史家,深受一个不断重现的梦境的折磨。在那个梦里,我死掉后,去了天堂。(要想做这梦,须得无缘由地信仰天堂。)几乎就在跨入天国之门的一刻,我接到一张出庭传票。没有迹象表明将要发生什么,但我猜不会是什么愉快的事。到场以后,我发现自己面对着一群20世纪30年代的耶鲁法学教授,为首的是他们的院长查尔斯·E.克拉克(Charles E. Clark)。我马上意识到:他们从天堂图书馆借阅了我的书《法律现实主义在耶鲁》(*Legal Realism at*

Yale)[1]，而且感觉不爽。克拉克先开了腔。"劳拉，"他说，"你大错特错了。"

那梦和书都表明，我把耶鲁法学院看作克拉克的法学院。他在任上见证了对于哈佛和朗代尔(Langdell)霸权的挑战是如何发起的，这一挑战前无古人、极富雄心。另一位耶鲁史家罗伯特·史蒂文斯(Robert Stevens)则认为，哥伦比亚大学和霍普金斯大学的教授们能够把现实主义法理学论证得更好。他的判断正确与否是另一个问题，姑且置之不论。[2]虽然将法律现实主义应用于教学的尝试始自纽约*，然而，到了1928年，哥伦比亚的水井就枯竭了。焦点转移到纽黑文，克拉克和罗伯特·梅纳德·哈钦斯(Robert Maynard Hutchins)为他们的法学院制订了计划，旨在成为"美国的头等名校或研究型学院"。学院计划将招生规模限制在三百人(这不会牺牲什么，因为耶鲁历来规模很小)[3]；增加学院所获得的捐助；要求学生参与研究；"发现法律的运作实况"，推动"超越哈佛式的经典研究"；并提供一条"让法律与其他社会科学相互配合"的道路。[4]正因为坚持学生参与跨学科研究，所以学院要保持小规模，并进行严格遴选：遴

---

* 耶鲁大学位于康涅狄格州纽黑文市，哈佛大学位于马萨诸塞州坎布里奇市，哥伦比亚大学位于纽约州纽约市。——译注

选工作的目标在于建立克拉克院长所谓的"智识贵族制"[5],后世则将之称作"能人之治"(meritocracy)。20世纪30年代,耶鲁教员队伍正是在克拉克指引下——到20世纪40年代和50年代则立足于他的遗产——戮力同心,把教科书变得实用,将法律与社会科学相"整合",关注气质癖好在司法决策中的角色,宽容对待诊所式教育的某些实验,并且训练学生理解法律作为实现正义的工具的潜质,而这一切都是为了让法学教育变得"现实主义"。就如罗伯特·哥顿(Robert Gordon)和加迪斯·史密斯(Gaddis Smith)所提示我们的,用哥顿的话说,正是在克拉克主政时期,"新政如飓风一般席卷了耶鲁法学院的教员队伍",为学院铸就了进步主义的声望,而这种声望历久弥新,吸引了那些希望改良社会的学生。[6]在克拉克的引领下,耶鲁找到了自己的合适位置。它将成为知识分子和行动者所共享的小型前沿法学院。

有人可能会主张,耶鲁现实主义者的主要动力在于产品差别化的需要。他们夹在纽约和坎布里奇中间,只有亮明自己的独到之处,方能吸引到更好的申请人,从而将耶鲁学生队伍提升到与哥伦比亚和哈佛相匹敌的水平。[7]有人可能会觉得,现实主义者并未成功兑现关于"整合"法律和社会科学、创设跨学科研究的诺言。也有人会认为,法律现实主义在耶鲁并未对哈佛和朗代尔构成严重威胁,因为耶鲁的教员仍然始终将案例方法置于法律教育的中心。正如格兰特·吉尔莫(Grant Gilmore)所言,现实主义虽然象征着革命,但被证明不过是"一场宫廷革命,至多更换了卫兵"。[8]然而,纵有千般缺点和局限,耶鲁的实验仍脱颖而出,成为1870年以后一个世纪当中美国法律教育最为重大的发展。也多亏了现实主义者,耶鲁方能取代哥伦比亚,成为全国第二。并且,正是现实主义者给耶鲁注入了一种神秘氛围,后来的学生和教员不断强调这一点,直至今日。

图1 耶鲁法学院外景

所以,我不同意罗伯特·史蒂文斯的观点:现代耶鲁法学院是由1955年至1965年任院长的尤金·罗斯托(Eugene Rostow)

所创立的。[9]诚然，无论在课程、机构还是法理方面，罗斯托对于院史都很关键。他引入了新传统，让每个第一学期的新生都要修读一学期制的课程，确保初学者在学院仅有的几门必修课——《合同》《宪法》《程序》和《侵权》——中体验到"小组授课"。这是院史上的另一个重要时刻。第一学期的小组授课，以及课后不提进一步学习要求，使这种安排与众不同。罗斯托还引领了分科项目，要求每个学生选择一门专业，从事严肃学术的研究。由于占用教授时间过多，这个项目在十年内就被废止了——此前有位院长以分科项目和小组授课为由，将教员队伍扩大了一倍。

罗斯托接手的法学院在1954年到1956年的15个月之内失去了三分之一的教授，他不仅重建了教师队伍，而且有所扩大。在1955年到1959年之间，他组织了所谓"人才大搜寻"。我发现罗斯托的说法如今已经不合时宜地招人烦："数百名男性和数名女性"曾被认真考虑授予教授职位。[10]一些将会长期影响学院的人都是"'(尤)金'子弟"*：亚历山大·毕克尔(Alexander Bickel)、查尔斯·布莱克(Charles Black)、圭多·卡拉

---

* 即尤金·罗斯托院长任上聘请的教员。——译注

布雷西、艾布拉姆·戈尔斯坦(Abraham Goldstein)、约瑟夫·戈尔斯坦(Joseph Goldstein)、利昂·里普森(Leon Lipson)、艾伦·彼得斯(Ellen Peters)和哈里·威灵顿(Harry Wellington)。在一个五年任期之内,罗斯托聘请并/或晋升了学院后续四任院长。[11]他在筹款方面采取新举措,让法学院能够从校方获取钱财,从而得以茁壮发展。

在罗斯托院长任内,学院的特质进一步地与法律自由主义联系在一起,并系于对法院、特别是最高法院潜力的信任,相信法院能够引起"特定的社会改革,影响大规模的人群,比如黑人、劳工、妇女、具有某种信仰的信众;也即影响全国的政策变革"。[12]作为克拉克主政耶鲁时期的校友和教授,罗斯托坚信布朗诉教育委员会案(Brown v. Board of Education)标志着"法律现实主义的胜利"[13],而他和他的同事滔滔不绝地为布朗案和沃伦(Warren)法院辩护。[14]令克拉克等老派现实主义者恼火的是[15],罗斯托为了扩展学院的智识视野,还联系上了费利克斯·弗兰克福特(Felix Frankfurter),而这人是现实主义者乃至沃伦法院不可逃脱的诅咒;罗斯托还聘请了这位大法官所塑造的两位法律过程理论专家——亚历山大·毕克尔和哈里·威灵顿。如今,在许多耶鲁教授的作品中,都可以清楚地看到过程理论与跨学科研究的混合,而这其实就是在罗斯托治下开始渗透到全院的。

罗斯托确保了耶鲁法学院维持在克拉克所规划和定型的位次上。这一成就绝非微小,但是耶鲁仍然像安飞士(Avis)租车公司那样屈居第二,而哈佛则像赫兹(Hertz)租车公司一样排名第一。第二名的地位是如此深入人心,以至于当罗斯托的继任者走进院长办公室的时候,他看到一个标牌,上面正写着安飞士脍炙人口的标语:"我们更努力"。[16]这个笑话并不完全合适。耶鲁曾经是某些学生的第一选择,他们认定耶鲁是全国最好的法学院,喜欢它的小规模,喜欢它令人称道的师生比,喜欢它强调"学习法律的社会政策和交叉学科进路,以'政策'为导向"。一些人认为这会将他们培养成更好的律师;另一些人认为这会将他们培养成更好的公务员;还有一些人则认为这会将他们培养成更好的法学教授。[17]然而,就如罗斯托本人在1957年曾哀叹过的,当他问他的同事:全国的本科学院是否仍将耶鲁法学院看做"一家乡村俱乐部"?"也许法学院入学考试(LSAT)成绩排名具有初步证明力,这其实是肯定的……排名表明,哈佛的生源恐怕比我们要好——要好得多。"[18]五年后的一份内部备忘录则宣称,哈佛仍占据领先地位。[19]并且,大部分耶鲁法学院毕业生都去了律师事务所:"与迷思相反的是,超过75%的耶鲁法学学士(LL.B)学位得主投身私营法律实务……大概有15%进入各级政府;余下的一小部分则分布广泛——去法院的、去教书的,还有少量改行的。"跨学科研究也不过是另一个迷思。罗斯托的继任者深知:"从墙街和高街(Wall and High Streets)的一侧望向彼岸,可以朦胧地看到岸边的书籍和人们,而我们的学生和教员还有许多要向他们学习,反之亦然。"[20]罗斯托留下的法学院不仅仍逊色于哈佛,而且历代主政者所坚持的特色也有所减退。

图2 "从墙街的一侧望向彼岸"

2

假设我的判断不错,耶鲁确实是克拉克的法学院,那么是谁将"当代"的耶鲁法学院带到世间?我用"当代"指涉那座令所有竞争对手都相形见绌的法学院。它的竞争力最强,内部竞争又最少:耶鲁之所以能够吸引到学生,既是因为学院最为挑剔,又是因为学生知道自己肯定能够通过第一学期的课程考试。那些考试的评定只分为合格与不合格,此后学生也只需担心拿到的究竟是优秀还是通过。[21]这所学院以名人著称。(一家叫做《M:新希曼》(*M: The New He-Man*)的杂志发表了一篇关于耶鲁法学院的文章,题为"耶鲁接管全美的阴谋"。耶鲁显然在大众文化中占据了独特的地位。[22])这所学院是"美国最接近巴黎高等师范学校的地方"。[23]这所学院被认为在意识形态上居中稍偏左,但偏得不太多,直到批判法学运动的高峰过去之后很久才聘用了批判法学者。这所学院主要生产公司律师。但是,这所学院也是公务员的温床。(每隔两个月,学院行政部门就会彻底清除法学院大楼内"民主墙"——这是一个书面表达对于学院和外部事务看法的论坛——上的言论,发表言论的学生因而无需担心自己先前的观点将来会被拿到批准提名的听证会上去。[24])并且,这所学院以法律的学术和跨学科进路而闻名。耶鲁所培养的本院教授多到不合比例,为其他学院培养的教授也是如此。[25]这是一所最高雅也最有趣的学院。正如《纽约时报》(*New York Times*)曾评论的:"在选择法学院时,学生青睐耶鲁的理由正和不喝酒的人青睐用伏特加和橘子汁做成的鸡尾酒一样;这是一气吞掉你其实不想喝的东西的最可口办法。"[26]

简言之,是谁缔造了那个让克拉克的愿景完全实现的法学院?如果答案要从院长里选,我的候选人是哈里·威灵顿和圭多·卡拉布雷西。但是正如常见的那样[27],答案并不仅仅存在于院长之中。学生同样也建设了当代的耶鲁法学院。在这本书里,我将关注他们之中特别重要的一群,他们构成了"六十年代"的一代人。耶鲁(和其他地方一样)的那个时代直到20世纪60年代中期才开始。[28]那个时候,耶鲁的年轻人中有未来的公务员,包括第一夫人兼联邦参议员[29],以及教授和律师。学院的学生被身边的社会动荡所唤醒,心怀对于民主和公民身份的愿景,服膺他们学院作为法学教育创新者的重要历史地位,给他们的法学教授贴上了等级制拥护者的标签,指责教授们搞种族主义和性别主义,并威胁要全体离校。他们是一场被称作"学生力量"的社会运动的一部分。[30]20世纪60年代后期,耶鲁学生的关切异常宽广,他们表达关切的时候声音极大。

耶鲁与法律现实主义和法律自由主义联系密切,信仰能人之治,希望通过以"(尤)金子弟"为表率的"最好最聪明的人"去改变社会运作,并将自身看作小心遴选的精英近距离互动的智识温室。这使得60年代的耶鲁几乎无可避免地受到了严重冲击。学院对于自身现实主义遗产的强调,使得学生在入学时抱有很高期待。显然,耶鲁适合那些有社会良心的聪明本科毕业生去投奔,因为法律能够促进社会公平的信念恰恰居于沃伦法院和伟大社会所服膺的、现实主义与自由主义的核心。

然而,到了20世纪60年代末期,左倾的学生开始质疑法律是否一定会改善事物。在60年代早期,"对于那些有社会良心的学生来说,接受法律训练就意味着受训去实现变革"。1970届的一位学生说,"1964年,我们选出了一位自由派的总统,他发誓建设伟大社会并让越南战争归于和平"。可是,在大选之后的"漫长六年"里,"整整一代美国人之中最优秀的分子都醉倒在街头"。[31]引人注目的是,年轻人总是把沃伦法院的成员排除在外。事实上,这提供了让耶鲁法学院团结在一起的黏合剂。对最高法院的不满确有发生。[32]但是,《耶鲁法学杂志》的编辑和法学院其他学生一样[33],坚称厄尔·沃伦(Earl Warren)"让我们为从事法律工作而自豪"[34]。沃伦法院从未遭受过它的自由派伙伴——约翰逊(Johnson)主政的白宫——所遭受的满满羞辱。[35]尽管最高法院多有不完美之处,但是在20世纪60年代后期和70年代,在耶鲁和别处学习法律的人们都把它——以及更宽泛意义上的联邦法院——看作希望的象征。不过,尽管他们的教授认为自己和最高法院大法官组成了"联席理事会",并且用学术研究来支持大法官的工作[36],但是学生对老师更多持批评态度。熟识引发怀疑。

于是,20世纪60年代后期的耶鲁学生立刻就把自己看成是独一无二的代表。他们努力开掘法律与社会变革的民主愿景,而在 20 世纪 30 年代,他们把这种愿景与耶鲁的法律现实主义者联系在一起。他们经常诉诸学院特殊的历史感,并与教员们分享这一点。

但是,年轻人也是自身时代的产物。翻开那个时期精英法学院出版的报纸,你会发现尘嚣之下的共同主题。法学院学生中的鼓动家们联合起来,指责自己受到的教育贫乏、无法令人满意,而且充满全无必要的竞争;他们力求消灭等级制和疏离感,建构共同体和公民身份,实现民主与关爱。法学院学生中的行动者们虽然比本科生更关注自己身边的事务,但也确实关心美国政治,以及学术政治。他们时常为征兵而担忧;他们为种族不公而抗争;他们抵制性别不平等(虽然这主要涉及妇女);他们将自己的教授视作一个病态"体制"和社会的象征。他们也困惑:当他们成为法律工作者之后,能够怎样为更广大的世界服务?

法学院学生中的行动者也关注相同的议题。他们卷入评分制改革,以及与此相关的法律评论参与问题,学生参与法学院治理问题,扩大有色人种和女性学生的录取比例,并终结相关歧视问题。学生们也分享对于业界的关切。他们指责律师充当了"赏金杀手"。在"需要大量法学院毕业生"的时期[37],公司法律师事务所被迫扩大公益项目并提高薪资,方可吸引最优秀和最聪明的学生。[38]但这看来有害无益。事实上,法学院学生将事务所的举措看做示弱[39],并抱怨公司律师圈企图以不道德的手段引诱未来的律师远离公益。[40]《美国律师协会杂志》(American Bar Association Journal)就法学院学生一事发表文章,题为"他们会加入私营实务界吗?"[41],并报告说:《哈佛法律评论》(Harvard Law Review)的全部39位编辑都不打算这么做。[42]美国法学院联合会(Association of American Law Schools)主席艾尔伯特·康纳德(Albert Conard)哀叹:"法学院遇到了大麻烦。"[43]

当然如此,整个高等教育都遇到了大麻烦。和本科生一样,法学院的学生口无遮拦。1968年春天,哥伦比亚大学的本科生占领了校园,而法学院教员投票决定继续上课。于是两位法学院三年级学生罗伯特·卡沃(Robert Cover)和大卫·凯瑞斯(David Kairys)发起请愿,其他学生纷纷加入,酿成一场事实上的罢课。[44]次年,加州大学伯克利分校法学院的一位学生鼓动同学摧毁环绕人民公园的栅栏,因此被控煽动骚乱并受审。[45] 30位非洲裔美国法学院学生占领了哥伦比亚大学法律图书馆,举行静坐示威,抗议"法学院在涉及本院对于黑人和其他少数族裔学生的承诺问题上死不让步,以及法学院回应我方多年善意的方式",迫使哥大校方作出重大让步。[46]罗格斯大学纽瓦克校区法学院教员们决定在五年内培养一百位少数族裔毕业生,"以解决黑人在我国法律业界惊人的低代表度",而学院的黑人学生联合会(Association of Black Law Students)从中读出了父爱主义和"对法律能够济世的绝对信念",盛怒之下散发了一份"对罗格斯法学院师生的公诉状",要求"法学院提供与黑人学生有关的课程,[并且]这些课程须由黑人教员讲授,教员由黑人学生从本院选出"。[47]霍华德法学院的学生占领了学院,锁住各门,将教员们锁在门外。[48]他们要求参与教师委员会和教员会议,要求采用只区分合格与不合格的评分制,等等。[49]1970年春天,有人将一杯莫洛托夫鸡尾酒放到哥伦比亚大学国际法律图书馆的书架上,把酒点燃后逃之夭夭。造成的损失微不足道;而两个月后耶鲁法律图书馆内燃起的一把可疑之火则造成了更大损失。[50]

诚然,每个学院里发生的故事各有不同。比如,在哈佛法学院,教员们的未雨绸缪之举被证明非常成功。"法学院内的改革压力从未如此巨大,但是今年又出台了什么改革呢?"《哈佛法学院记录》在1969年伤心地问道。[51]

耶鲁学生的奋斗和成就是"法学院学生力量"运动时间最早、最为可观的篇章之一。[52]这至少部分是因为：耶鲁独特的智识史让受"六十年代"激荡的学生比以往任何时候都渴望变革；耶鲁的小规模有助于学生的参与[53]；学院有更多学生毕业后投身公益法，并且至少暂时服膺公益法所代表的"左派"愿景[54]；与其他精英法学院的行动者不同，耶鲁的年轻人总是被学生媒体驱策而非约束。[55]其他精英学院的学生并非总能促成长期改革——比如，大多数学院到20世纪70年代中期都转向分等级评分制——而耶鲁的学生更能持久。他们的行动因而给教授们带来了极大的麻烦。

正如某些耶鲁教授所认为的，在教员任命问题的斗争中，"左翼"学生显露出了让教员们屈服于己的欲望，而这会毁掉法学院。甚至，"六十年代"的一批耶鲁成员后来选择更传统的职业，到他们曾经抨击为"我见过的最烂的玩意儿"的律师事务所工作[56]，而对于他们不敬之举的记忆仍然影响着他们身后的学院。一旦据称曾被一位未来院长抨击为"黑暗年代"的阶段告终，资深教授们就重新确立了学术和意识形态的"标准"，而学生的注意力也转向了别处。某些资历尚浅的教员不久前才目睹了他们的前辈面对学生诉求束手无策，到了20世纪70年代之初,他们就被同一批前辈视作二流学者并解聘。20世纪70年代后期到80年代,教员队伍重建之际,耶鲁法学院拒绝了批判法学:熬过了与"左派"的恶斗之后,耶鲁法学院的教授们恐怕已然怯于卷入另一场斗争。批判法学部分诞生于黑暗年代,而邓肯·肯尼迪(Duncan Kennedy,耶鲁法学院1970届毕业生)之类"黑暗年代中人"在其形成过程中扮演了关键角色。耶鲁法学院虽然曾在20世纪30年代颇有远见地接受了法律现实主义,却拒绝了现实主义的后裔——批判法学。而就在同时,曾经背对现实主义的哈佛法学院却给现实主义的孩子提供了一个家。讽刺的是,"六十年代"的耶鲁法学院学生促使学院接受一种羞怯文化。事实上,我认为,诞生于20世纪70年代后期的现代耶鲁法学院,其轮廓正是被避免冲突的愿望所塑造出来的。对于耶鲁而言,"六十年代"不仅是一段时光,而且也是一系列复杂的事件。

"六十年代"驾临耶鲁

1

在我们的故事开始时,先要探寻一下那个充满自由派美好愿景的失落世界。路易斯·波拉克(Louis Pollak)于1965年被任命为罗斯托的后继者,他是位非常得体的人,并且具备出众的自由派背景。波拉克是一位知名公民自由律师的儿子[57],他在布朗案中与全美有色人种协进会并肩工作,参与了库珀诉亚伦(Cooper v. Aaron)案律师意见梗概的写作[58];当从塞尔玛(Selma)出发的大进军在蒙哥马利(Montgomery)结束之际,他与金(King)站在一起。然而,正如塞尔玛—蒙哥马利大进军标志着自由派种族混合主义的最后一息,波拉克就任院长也表明:自由主义遭遇好斗分子时会遇到麻烦。

波拉克继承了教员队伍的能人之治思维,号称"像英国人一样着装,像犹太人一样思考";而亚历山大·毕克尔在某种意义上就是这种思维的缩影,也是引领学院的智识和政治力量之一。毕克尔是学者的孩子,他于1938年随家人逃离罗马尼亚,在第二次世界大战中担任机枪手,之后入读纽约城市学院。与他的大多数同事不同,他从没读过耶鲁法学院。他回忆说,自己在坎布里奇是"一个麻烦制造者","实在是个坏家伙",虽然他曾担任《哈佛法律评论》的司库。"我觉得自己的思维框架是这样的:去你们的,不论我在这儿能有什么成就,都和你们怎么看我无关,而且是因为你们帮不上我。"[59]大概是给弗兰克福特当助理的经历驯服了他。那段经历肯定有助于他构建自己的司法哲学。他和哈里·威灵顿一道,背弃了耶鲁称赞司法能动主义和沃伦法院的范式。毕克尔喜欢挑衅学生说,"联邦法官可不一定是'穿黑法袍的小厄尔·沃伦'"——而学生则回敬说,毕克尔休想把他们变成"穿蓝牛仔裤的小亚历山大·毕克尔"。[60]

毕克尔上课时,穿着裁剪得十分合身的三件套装,"象征弗爱—贝塔—堪帕(Phi Beta Kappa)荣誉社的钥匙别在十分醒目的位置"[61],头发则向后梳得顺滑。地位对于他来说就像对于许多"(尤)金子弟"一样重要。他不喜欢学生挑战自己的权威。他的写作很优雅,也能够优雅地说话,但是学生也发现他巧舌如簧、尖酸刻薄,有时还缺乏策略。一段感情让毕克尔心灰意冷,促使他与一个女人仓促成婚,而这段短暂而糟糕的婚姻[62]让他再次尝到心灰意冷的滋味,这可能也加剧了一个脆弱灵魂内在的不安全感。不过即便如此,毕克尔也将不安全感掩藏在自信的外表之下。

毕克尔加入了人数日增的、先前的冷战自由派;到1967年中,这些人已经开始发表反对越战的言论。就如毕克尔所言,"我们是地球上最强大的国家,却在野蛮地与一个最小最穷的国家恶斗,并且越来越多地采取无差别……轰炸,想要炸平了那个国家。"[63]1968年伊始,他和林登·约翰逊(Lyndon Johnson)分道扬镳。"我知道放弃支持一位除了越战以外都持自由派立场的当权总统会有多大风险,而我至今骄傲的是:我在1948年并没有受怂恿而离开杜鲁门(Truman),但我为越南战争和美国对越南所干的一切而感到苦闷。"他这样告诉一位朋友。[64]起初,他支持尤金·麦卡锡(Eugene McCarthy)。[65]但是罗伯特·肯尼迪(Robert Kennedy)对越战的激烈反对赢得了耶鲁教授的支持。到 1968 年春天,毕克尔已经把肯尼迪称作"我们最美好的希望"[66],并将他比作布兰代斯(Brandeis)。[67]就像他写给《新共和》(*The New Republic*)的文章中所说,教授本人"全心全意"地支持这位候选人,他的赞誉令"先前一切政治承诺"相形见绌,他坚信肯尼迪"强过其他所有政治人物,定会……制止战争并医治伤痛,因为他信仰那些我们急需信仰的东西"。[68]和他的大部分同事一样(著名的例外则是在约翰逊的国务院中排名第三的罗斯托)[69],毕克尔畅言对于越战的痛恨。[70]

学生们分享了那种痛恨。对于 1970 届的成员,比如邓肯·肯尼迪来说,越南战争渗入了一切事物之中。他们是第一届面临研究生终止缓征和无处不在的征兵威胁的学生。[71]但是打动他们的还有其他议题。

比如,肯尼迪对法律教育的攻击恶名昭彰,他的文章《耶鲁法学院是如何倒掉的》(How the Yale Law School Fails)被印成小册子,最初于 1968 年在院内和学校的行政中心伍德布里奇厅(Woodbridge Hall)散发。[72]肯尼迪谴责了"无聊且一潭死水"的课程,这意味着"耶鲁法学院在实现学术与智识的自我期许时悲惨地失败了"。[73]"这所法学院全然缺失智识的紧张感,这种感觉源自成长过程中的观念对立",而耶鲁在 20 世纪 30 年代

"曾经以拥有(这种特质)而著称"。[74]

图3　伍德布里奇厅

并且,肯尼迪和其他人说,课堂不仅无聊,而且让人不快。事实上,时任耶鲁法学教授的罗伯特·史蒂文斯发现,耶鲁一年级生所表达的"最常见抱怨"是"案例课和苏格拉底教学法"有"贬低和侮辱学生"的"倾向和观感",并报告说:教师们将某位授课者指为"一位'可怕的初审法院法官','一个检察官',或者一个'正在交配'的……恶魔"。[75]肯尼迪鄙视耶鲁法学教授中"极不寻常的自恋现象",教授们上课前还要"理一理毛"才行。[76]他报告说,他的大部分同级同学反复问自己一个关于他们教授的问题:"我干嘛要跟他们学这狗屁玩意儿?"[77]他预测,只有当"精神领域"发生变革,"学生和教员能够得体地互相对待"的时候,才会发生突破。[78]

从肯尼迪在1970级中的同道之人进入耶鲁开始,学生就努力实现这个看来并不过分的目标。他们争论社会变革的正确目标。他们应不应该关注越战、民权和贫困,也就是那些他们与教授分享的关切?抑或,他们中的"激进分子"坚称大变革必须从身边开始,这些人说得对吗?当激进分子找到了完美的议题——成绩时,争论终止了。[79]

2

想象一下：160位一年级学生，90%以上是男性，每个人都以全年级最优成绩本科毕业，却一下子回到青春期时的生活状态。每周六天，法学院的一年级生穿西装、打领带，步伐一致地转战各个教室之间。当被老师点到名字时，他们通常都会起立。耶鲁维持着绅士派头的氛围，安排侍者在餐厅服侍每一餐饭。[80]然而，教室内的气氛十分紧张。一个人的整个职业生涯都取决于在第一学期八级评分制（最高评分为A）下的表现。

于是在1967年，当一年级生们就评分制举行公投时，超过

80%的成员投票支持采用合格—不合格评分制或荣誉—合格—不合格评分制。[81]可是教员们几乎毫无反应,这引发了更多的怨言。[82]学生报纸《耶鲁辩护人》的一篇社论称:

> 一种不舒服的感觉弥漫在耶鲁法学院,就像太平间里掩盖腐败的甲醛气息一般。每个人都先是察觉到这一点,很快习以为常。之所以会有这种感觉,是因为耶鲁法学院并不像人们相信的神话那样富有开创性。之所以会有这种感觉,是因为大多数教员和学生之间存在着近似小学师生的关系。之所以会有这种感觉,是因为学生无法像平等的人那样与教员会面……之所以会有这种感觉,是因为对于大多数人来说,这里的教育不过是漂在排水沟一般的课程上,直到水流的力量把他们变成律师,冲进华尔街的下水道里去。[83]

"六十年代"驾临了纽黑文的墙街。

1968年秋天,新一届一年级生再次提出了评分问题。他们组织了公投,吸引了超过90%的成员——183人参加。11票支持现行评分制;引人注目地,有93%的投票人投反对票。[84]公投还进一步表明,合格—不合格是学生最欢迎的一年级课程评分制,55%的投票人将其列为首选方案。由托马斯·埃莫森主持的课程委员会则考虑采取优秀—合格—勉强合格—不合格评分制,但只获得了不到16%的赞成票。[85]这个消息让埃莫森感到不快,他本来是较为亲近学生的教授之一。"我认为我们显然只能推倒重来了。"他告诉《耶鲁每日新闻》(*Yale Daily News*)说。[86]

但是教员们不想推倒重来。考虑到期末考试被定在一月举行,教员们占用3天圣诞假期来就评分制问题作决策。一个想法是:用现在读一年级的学生做个试验,在三年里都采用合格—不合格评分制,这个步骤有助于改善师生交流,也获得了埃莫森和委员会一些成员的赞同。[87]

毕克尔大吃一惊。"合格—不合格评分制不是一次试验,"教员会议记录记载他这样告诉自己的同事,"这会采用一套不同的制度。他不想参与新制度(包括个人评价、会议等):他认为那不是法学教授的职责所在。"[88]

次日早晨,耶鲁法学院的教员们采纳的却是沿用至今的评分制。[89]第一学期的课程按照合格—不合格评分。此后,除了数量有限的高阶课程可以由授课教师决定采取合格—不合格评分制以外,其他课程的成绩分为"荣誉""合格""勉强合格"及

"不合格"。[90]《哈佛法学院记录》和密歇根法学院的《事实为证》(Res Gestae)着重报道了一位耶鲁学生的评论:"我的努力不会减少——但是我的担忧减少了",两份报刊都把教员投票看做学生的胜利。[91]当时,评分制改革尚未席卷精英法学院;而当大潮在次年掀起时,几乎没有哪个法学院的教员愿意强制采取合格—不合格评分制。[92]可是,耶鲁法学院的学生并没有将教师投票看做胜利,甚至认为没有达成可接受的最低限度变革。"要齐头并进,不要一争高下!"1970届的成员在他们的年鉴中戏言,"废除评分制!记住——理查德·尼克松(Richard Nixon)还是杜克法学院的全年级第三呢!"[93]而教授们按下葫芦起了瓢。就在教员们决定采用新评分制的会议上,黑人法律学生联合会(Black Law Students Union)的成员要求举行听证。[94]

3

自1948年起,耶鲁的教员们决定:只要非洲裔美国人"依我们的判断符合标准,也即他或她能够成功完成获得学位所要求的三年学业",就应予录取,"而其他一切申请人则要按照最优者得的规则进行竞争,例外的一点是:我们作为一所'全国性'的法学院,要确保国内特定区域的代表人数不会过多";同时,他们认为法学院入学考试(LSAT)存在文化偏见,因此决定"在评价黑人申请者时,赋予法学院入学考试及其他白人专属的标准学术评价体系以较小权重"。[95]这一声明并不很准确。一份内部备忘录承认:"如果我们拒绝承认"所谓"和耶鲁的联系"同样会在录取过程中给法学院校友子女及获得教员强力支持的申请者以优势,"我们就是自欺欺人"。[96]耶鲁录取委员会并没有在特别录取计划中保留黑人组别,该组传统上会录取至多 6 位黑人学生,但这是个从未声张的秘密。[97]

1968—1969 学年度吹起了变革之风:为了回应学生在马丁·路德·金(Martin Luther King)遇刺后提出的诉求,录取办公室努力确保当年新生中的黑人占比超过以往任何一届。[98]获得录取的黑人学生有 12 位,他们中有许多来自蓝领阶层和/或南方。其中一位叫做奥提斯·考克兰,他组织了黑人法律学生联合会并自任主席,他把联合会建设成了"法学院最活跃的群体"。[99]12 月 10 日,黑人法律学生联合会向法学院当局提交了自己的"陈情书"。其中包括要求将非洲裔美国人数量提高到占学生总体的 10%(之前是 4%),并动议让"目前在读的黑人学生去打前站",以帮助学院实现这个目标。黑人学生还致力于在法学院内兴建专门设施给联合会使用,并在餐厅给黑人学生留出专桌。他们呼吁法学院出资设立一个永久的黑人教授席位。他们要求耶鲁给予黑人更多资助,并赞助法律教育机会研究会(Legal Education Opportunity Institute)在夏天的一场会议,帮助黑人学生为申请法学院做准备。非洲裔美国人还坚持要求修改课程,以容纳关注诸如贫困和歧视等话题的课程,这些话题与有志于服务黑人社区的律师有关。他们还呼吁制止校警的骚扰。[100]

一周后的12月16日,黑人法律学生联合会收到了波拉克的回复。院长指出,他和他的同事与学生一样,有兴趣"录取条件更优的黑人学生和合格的黑人教授",但是原则上反对将黑人学生达到某个比例设为目标,因为"那样做有配额制的味道"。波拉克拒绝了单设餐桌(无论以什么方式来安设)的要求,但是提供了一间办公室。对于其他事宜,他都含糊其辞,但也有鼓励的意思:"我们需要研究这些,不过我们这里所有人都是好心。"[101]

眼见要求没有得到满足,黑人法律学生联合会迅速回应道:"院长和法学院普遍对回复我们先前提出的诉求无动于衷且不情不愿,这清晰地表明院长无力应对黑人学生的需要。"联合会要求与教员举行会议。他们还警告说,虽然联合会在"竭力有理有节地处理这一严重事态,但我们不能容许自己的要求不被答复,而被转给有关委员会处理,或者付诸教员们讨论。到圣诞假期后返校时,我们必须得到肯定的答复,否则我们就不得不寻求讨论和辩论以外的途径"。[102]

黑人法律学生联合会掷出了白手套,考克兰也应邀出席教员会议以讨论评分制问题。"这些是要求——不容讨论。"他宣布说。黑人法律学生联合会重申了自己的诉求。波拉克回应说,教员们认为学生公开发表观点很有用,需要进一步的对话,他将成立一个教员委员会来与联合会进一步讨论这些事宜;而考克兰答复说他要的是行动。学生随即退场。查尔斯·布莱克和亚历山大·毕克尔力主:"我们不要为了和平而接受后患无穷的开价。"[103]

布莱克的反应比毕克尔更令人惊讶。毕克尔关于评分制的言论表明,他并不支持学生发起的变革。而布莱克曾在布朗案中"出言"支持全美有色人种协进会的法律保护基金会(Legal Defense Fund)[104],此时也主张"我们一直都在采取纠偏行动,无论是针对校友子女还是橄榄球运动员",并指出:纠偏行动直到涉及了非洲裔美国人,其公正性才遭到质疑。[105]显然,惹恼布莱克的并不是黑人法律学生联合会诉求的内容,事实上考克兰认为自己有权提出这些诉求。随着师生间的阵线日益分明,布莱克经常与毕克尔和其他不愿让步的同事辩论,强调教员必须保有对于纠偏行动和其他一切传统政策的最终控制权。[106]

他还公开承认,当他和他的许多同事面对"六十年代"的学生行动派时,他们的感觉不是"不满",而是"惊慌"。[107]

而院长本人在向校长和教务长报告时,声音几近惊惶。"极有可能……至少从现在情形来看,对于我在12月16日信中所开列的立场,教员们不会愿意做任何重大超越,而黑人法律学生联合会不愿意就这些议题与西蒙先生主持的委员会做实质探讨。"波拉克说,"考虑到上述事态,黑人法律学生联合会威胁在圣诞后搞报复,恐怕是极其严重的。"[108]

这对于伍德布里奇厅(Woodbridge Hall)来说已经足够严重了,校长当即派教务长与教员们举行午餐会谈。其时,教员们已经草拟了给黑人法律学生联合会的回复,用最含糊的方式肯定自己将致力于变革。"黑人要求中的具体问题完全没有得到回答。"教务长抱怨说,"怎么回应那条招收10%黑人学生的要求?"在学校行政当局看来,或许法学院"拒绝采取配额制是对的",但法学院也必须"更多吸纳黑人"。[109](事实上,当局可能觉得法学院做得并不对。学校不久前刚刚对《辛格报告》(Singer Report)表示欢迎,而该报告倡议提高非洲裔美国人在耶鲁本科学院中的比例,使之达到与非洲裔美国人在全国人口中占比相当的水平。[110])教务长提醒教员们"斟酌我们……为了避免对抗要做多大让步,以免显得屈服于压力"。[111]

在圣诞前夜,金曼·布鲁斯特校长也加入了会议。此时,教员们确信黑人法律学生联合会"恐怕无意讨论分歧,而是想要积极的作为"。随着期末考试渐近,教授们担心联合会可能在考场外设置纠察,或者封锁考场入口。[112]布鲁斯特首先重申了他对波拉克的信任,然后转向教员们草拟的、对联合会诉求的回复。布鲁斯特强调"耶鲁有责任为其他大学树立榜样",呼吁教授们"为了全体学生的利益,应该正面维护学校的整体立场",并坚称教员们不应"在黑人问题上——无论涉及学生还是教员——降低标准"。或许,布鲁斯特希望教员们一面接受学生的诉求,另一面重申其对于"标准"的坚持,以免使得非洲裔美国人被污名化——也就是说,要强调录取标准创新的必要性,以及非洲裔美国人对学院的贡献。[113]

但是教员们不买账。"我们这是搞双重标准。"毕克尔回应说。哈里·威灵顿补充道,双重标准是不可避免的:"我们要录取的人不仅不合格,而且以推翻体制为兴趣。我们必须解决这个两难困局。"[114]

让校长办公室松了口气的是,教员们的解决之道是接受黑人学生的大部分诉求。到新年前夜,法学院的教员们确认:录取政策将继续赋予"先前教育劣势和文化差异以相当权重"。引人瞩目的是,学院虽然拒绝承诺录取"确定比例或确定数量的黑人学生,且这一态度也适用于录取一切其他群体的学生",但是学院延后了黑人本科生的申请截止期限。学院宣布实施一个扩大录取的项目,为此将动员以利昂·希金波沁(Leon Higginbotham)为首的黑人校友。最重要的是,学院承诺额外预留10至15个名额给"符合录取条件的黑人和其他少数族裔或弱势群体学生。所有通过这一渠道遴选的学生将不计入在正常期间内申请并被录取的学生名册之内——而这一名册本身也应包含一定数量的黑人学生"。从效果上说,学院承诺将10%的新生录取名额留给少数群体,增加对非洲裔美国人的资助,给予黑人法律学生联合会财务支持,参加法律机会研究会的会议,开设新课以让学生更多接触黑人社区,并与校警对黑人的虐待作斗争。[115]

这是黑人学生力量的一个典范。对于黑人法律学生联合会的诉求,教员们虽然没有全盘接受,但确实接受了若干。在一次广为流传的私人书信往来中,波拉克积极为学院的做法辩护,信件后来发表在《公益》(*The Public Interest*)上。波拉克强调说:"早在怀疑盛行之前很久",录取委员会就"质疑法学院录取考试、甚至本科成绩单"对于一切"童年和家庭背景与美国(主要是白人)中产阶级经历和抱负相差甚远的学生"的"(最终职业成就的)预测价值",并再次指出录取委员会曾经接受了本来会拒绝的"若干黑人学生"。其中极少有人未能完成学业,而且"有些人"还取得了高分——甚至获得了《耶鲁法学杂志》的编辑资格。"由于学术准备较为薄弱,这些学生大多没能在法学院取得优异的学术成就",而这"并不令人意外"。而重要之处在于,"如此之多的黑人校友进入业界之后,迅速证明自己拥有高水平的职业造诣"。录取工作的新政仅限于录取委员会将寻找更多遭受种族劣势的学生——波拉克强调这一条件。所以,"问题其实在于:学院为实现这一目标而扩招的举措是不是正当的"。这位院长论证说,国家需要更多的非洲裔美国人领袖,而律师当然是领袖。所以这样做有益无害。[116]

教员们的举措令密歇根法学院的学生印象深刻。那里的黑人只占学生总数的3.6%,院长戒心十足[117],而教员们则抱怨说没有余钱来给更多少数族裔提供奖学金。[118]波拉克指出少有黑人学生在学术上表现良好,有人觉得这种言论会被指责成搞家长制,然而事实上,密歇根大学法学院周报的学生记者特意称颂了这位院长:"一个人读法学院的目的不在于得高分或者参加法律评论,而是在于成为有造诣的法律工作者。是明白这一点的时候了。"[119] 在耶鲁,黑人学生虽然批评他们的教授不愿更进一步,但是看上去在很大程度上暂时满足了。[120] "我们顺利渡过了上一年。"拉尔夫·布朗(Ralph Brown)副院长在1969年申请季结束之后说,"我认为,我院黑人学生的首要利益在于增加他们的数量。我们在这方面非常成功,新生中有大约15%来自少数族裔群体。"[121] 一个更有效的纠偏行动计划已然在耶鲁扎根。

4

让某些教授不快的是,耶鲁也越来越强调学以致用。20世纪30年代,法律现实主义者杰罗姆·弗兰克(Jerome Frank)呼吁建设"诊所式律师—学院",为诊所式教学运动注入活力。[122] 耶鲁于是设立了学生运营的法律服务项目,长期安排学生从事法律援助或到公设辩护人办公室工作。20世纪60年代末期,该项目给那些想服务于城市和济贫法客户的学生提供的机会太少。[123] 如今,诊所成为了"更广大社会和文化斗争的一个小竞技场,以及耶鲁法学院师生之战的一块战场"。[124]

教员们有些担心。1969年,他们以诊所教育不够"学术"为由,成功申请到福特基金会资助诊所教育。同年,学院聘请丹尼尔·弗里德(Daniel Fried)来发展诊所项目;启动了丹伯里工程(Danbury Project),由学生为囚犯提供法律服务;任命丹尼斯·柯提思(Dennis Curtis)为新设法务部门诊所的指导律师。次年,史蒂芬·魏兹纳(Steven Wizner)离开"为青年人动员"(Mobilization for Youth)组织,成为柯提思的同事。当时,诉讼被吹捧为社会改革的最佳工具,这个项目成功回应了学生的诉求:他们要学习让自己能够与种族歧视和贫困作斗争的技能。[125]

怀疑论者可能会说,耶鲁的教员们企图通过这些"迁就"来收买"六十年代"的白人和黑人学生。[126]比如,在新年前夜给黑人法律学生联合会的信中,耶鲁教授们特意提到了"拟议中的法律服务诊所(位于临街的中心位置)"。[127]教员们或许指望诊所项目能够满足对学以致用的要求,使得他们免受其扰。或许他们还指望诊所教师能够为教育聪明的耶鲁法学院学生而感到特别高兴,从而给学院注入温暖的气息,而学生们抱怨他们的教授不给这些。然而,诊所仍然让"常规"的教授们感到紧张和怀疑,其中一位警告说:"对某些人而言,诊所项目本身就是逃避现实,躲进有时被称作'真实生活'的地方去。"[128]起初,学生完成诊所课业只能获得"庭审"而非"学术"学分。[129]与其他法学院一样,学术教员和没有终身职位的诊所教员之间存在紧张关系,这反映了学术界的焦虑:诊所教育不够理论,而且太昂贵了。"我们可能有点过分害怕这些项目了。"艾比·戈尔斯坦(Abe Goldstein)教授承认。[130]

5

  白人学生支持黑人法律学生联合会,扩展诊所教育,并且要求在谈判桌前获得一席之地。1969年2月,经过三个月的内部讨论,学生协商委员会(Student Negotiating Committee)抛出了自己的改革计划——"师生联合规则"。[131]委员会设想由法学院理事会取代教员们,充当学院的首要议事机关并行使治权,而选举产生的学生代表与教员将享有同等的投票权。并且,委员会的所有会议均应公开,学生与教授在会议上享有同等的投票权。[132]这个学生乌托邦本身就包含着等级制:方案中没有给职工以任何权力。

不过,方案获得了学生媒体的青睐。《倡议者》(The Advocate)的编辑理查德·休斯(Richard Hughes)是学生协商委员会的一员,该报称赞委员会努力让师生走到一起,认为方案很"理想"。[133]《耶鲁每日新闻》庆祝了近在咫尺的"和平革命"。该报报道说,委员会的方案从表面上看起来"和国内麻烦缠身的高校所产生的方案同样激进","但是,由于'革命者'的友好精神,由于耶鲁法学院规模小且有凝聚力,考虑到该院近来处理争议问题的历史,很难说'激进'是个合适的描述。"[134]

这只是一厢情愿罢了。自尼克松于1969年初就职起的一百天里,学生协商委员会与教员们派出的协商对象进行了一系列会谈。[135]而学生协商委员会与教员们的首次会议就是个不祥之兆。代表教员队伍的教授们坚称,学校规章要求由教员们充当法学院的治理机关。[136](学生们后来听说,布莱克、毕克尔和威灵顿散发了备忘录,其中指责学生方案不符合根本制度。[137])

当然,教授们承认规章可以修改,但是院长坚称"规章无错"。教授们表示同情学生们对于扩展"共同体"的憧憬。然而,根据学生协商人理查德·休斯的记录,艾比·戈尔斯坦坚称教员们"不打算放弃投票权——但是就算如此,难道共同体就无法建成了吗?——证明沟通等不畅的责任在于学生一方"。[138]当时,尤金·罗斯托刚从国务院回校不久,他历数法律工作者"一搞就砸"的往事,宣称让步会在耶鲁引发革命,而那场革命堪与在拉丁美洲导致学生攫取大学控制权的革命相比拟。休斯的着装肯定比罗斯托要随意,他被这位前任院长的外表吓了一跳:"快瞧啊——他系着吊袜带!"罗斯托的顽固也让休斯吃了一惊:"他强硬地划出了底线——教员们将把控自己的政策权威并'反对一切外来者'——他竟然还有脸宣称努力建设共同体。"[139]

情况从那次会议起急转直下。"为什么你们不该投票?"在另一次会议上,毕克尔质问学生协商委员会道,"我来告诉你们为什么。我们在这儿工作,所以就像罗斯托先生说的,我们负有职业责任。你们总不会投票干涉外科医生的操作吧。"学生们不过是将来的毕业生而已,或者用毕克尔的话说,是"预备校友"。(终身任教的)教员们在耶鲁享有"终身利益",年轻人们的任何眼前利益都无法与之相提并论。[140]

随着春假临近,学生们开始怀疑教员谈判代表企图耗光谈判时间。[141]1969年3月,春假刚刚结束,教员们终于采取行动了。波拉克事前起草了一份决议,试图在反对"学生力量"的教员如戈尔斯坦、毕克尔、罗斯托和持支持态度的教员之间达成妥协。(支持者之一是劳动法律师克莱德·萨默斯[Clyde Summers],他把师生协商比作沃尔特·鲁瑟[Walter Reuther]要求福特公司给予劳资共决权时本应举行的对话。萨默斯说,在师生协商中,教员们采用了同一套"说辞,说什么管理方慷慨又善良,不理解为什么对立方受到善待后竟然还提出这种要求——管理方对企业的责任感如此之强,以至于他们认为无论放弃任何管理方特权,都会违反企业的根本原则"。[142])教员们批准了这一决议。在决议中,教授们正式否决了建立法学院理事会的要求,理由是教员们的决策权不应被"稀释或者(无论全部还是局部地)转授给任何主体"。[143]这个原则没有妥协余地。波拉克坚称,学院的治权属于教员们,这既是法规所规定的,也是正当的。决议表明了院长坚定的信念:给予学生分享权利的"表象"会同时"侮辱到我们自己"和学生。[144]

不过,波拉克也试图将教员们的举措包装成学生们的胜利。在决议中,教授们重申:学生代表参加某些教员会议的必要性让他们"印象深刻"。从当年秋季起,作为试点,学生们加入了某些委员会。而根据决议,学生们说服了教员们:当教员们讨论探讨的事项涉及有学生参加的委员会时,应当让"学生在全体教员大会层面参与讨论(尽管不是决策)"。据此,教员们希望"与学生协商委员会沿着这一方向商讨具体安排(当然,前提是这种安排必须确保全体教员就任何议题在任何时候自行开会的权利)"。[145]这样一来,教授们一方面肯定了学生以理服人,表示愿意仔细考虑让学生有选择地参与委员会并有限度地参加一些教员会议,另一方面宣示拒绝给予学生在教员会议上的投票权,也拒绝让学生在教员议事时获得常设席位。

以黑人法律学生联合会为榜样,学生协商委员会中的白人行动派拒绝了教员们的决议。愚人节那天,学生协商委员会的成员与教员协商代表会谈,之后气冲冲地离开,并从所有学院委员会中辞职以抗议教员们的决议。一周后,学生协商委员会发布了针对教员们的公开信。委员会指控说,教授们企图将"今年建立的、有严重不足的程序"加以定型,意欲建立"教员委派、学生乞求"的模式,将"学生观点和利益的等而下之地位"变成制度。最终的产物是一份"令人沮丧的声明,它表明了这些教员的勇气水平和作为知识分子的正直程度。那些人要求用秘密披风遮住自己的观点,以免这个共同体中的其他人看到"。[146]

学生们故技重施,搬出历史和使命来指责他们的教授。教员决议的出笼"打破了迷思,所谓'进步'的、富于冒险精神的耶鲁法学院不过是说说而已"。这一次,"通过理性论证推动自由派改革的努力"失败了,这清楚表明了"1969年的教员们和耶鲁法学院保守的、当权派气质——无论这里的气质曾经如何"。[147]

学生协商委员会拒绝"继续被当成小孩子来对待",他们大张旗鼓地宣称要把"这次惨败"的一切情况都披露给媒体,并且悲观地预测"学生会发起集体行动来推翻这一决议"。[148]他们说:"我们当中有人致力于通过相互信任和善意来推进人们之间的理性论证",而教员们的行为"对这种努力造成了致命破坏"。[149]激进的学生从一开始就预测到了学生协商委员会的失败,他们警告说:"基督徒打败狮子的机会都比这要大"[150],而教员们的行为彻底证实了他们的预测。[151]《辩护者》的编辑们一拥而上,痛批教员们"盲目依附教授地位所带来的特权和权力",分明是铁了心要"和学生当面作战"。教授们干了蠢事。"因为针对评分制度和黑人学生诉求采取了温和举措,教员们可能沾沾自喜,但他们尚未看到任何成效。"随着入学的"学生越发关切和觉醒",教员们举措的父爱主义内核恐怕将会遇到挑战,甚至可能被"剧烈撼动。学院必须面对这些和其他挑战,教员们本来很可能有因应和解决之道,然而却亲手把路堵死了"。这家报纸也承认,学生是不会为了"参与问题"就跑去"筑街垒"的。"但是,如果议题合适——肯定会有那一天——法学院秩序的崩溃必将直接归咎于教员们的决议。"[152]

1969年3月的教员决议一度似乎将引发"崩溃"。超过300名法学院学生参加公开集会,抗议教员们的举措。[153]("'厌倦了被'教员们'＿＿＿＿'?"一幅集会标语上写道。[154])波拉克警告说:"如果你们只追求投票否决教员意见这一件事,我觉得你们赢不了。"但学生们仍然获得了发言权。"秋天的时候,我觉得那个主意很蠢。"邓肯·肯尼迪指的是动议增加学生在教员治理中的参与权,因为他觉得教员们肯定会"制订出一个真正具有吸纳性的、友好的方案。可是我错了"。由于几乎没有教授"在这件事上长了脑子","差点"引发学生的极度不满。"僵局是……由于行政体制反人际关系之道而行所造成的。"肯尼迪总结说。黑人行动派唐·豪伊(Don Howie)竭力鼓吹"关闭这所学院——或者烧毁它"。还有人则呼吁学生组建一个名为"S.H.I.T.F.A.C.E."的团体,亦即"学生帮助扩大教员对一切事务的权威和掌控(Students to Help Increase the Faculty's Authority and Control over Everything)"。"一经获得教员许可",这个组织就可以开成立大会了。[155]

最终,学生和教员各自后退了一步。双方回到谈判桌前,学生协商代表提议:学生参加除了秘密会议以外的一切教员会议,虽然无权投票,但是参与本身不再受限制。对方的回应让他们吃了一惊。"快!"休斯记录道,"戈尔斯坦支持我们的观点——说让我们试试看——反正局面再坏也坏不过现在了。"[156]教员们同意由法学院学生会(Law Student Association)在每年秋季举行选举,选出 10 名代表。当选代表及"若干"获得任命的学生代表将参加教员们的各个常设委员会[157],但是教师任命和晋升(Appointments and Promotions)委员会除外。[158]学生可以在多大程度上参与纪律事务的问题被糊弄过去了。[159]在无权投票的前提下,当选代表还可以出席一切教员会议,除非院长和另外三位教授决定由教员们"秘密开会"。[160]

波拉克正确地预见到他的方案将会获得同事接受,虽然他告诉学校当局说:"某些教员虽然不占多数,但是认为他所支持的决议可能被学生看做示弱。"[161]他也准确地预见到学生协商委员会将同意这一决议。[162]没有哪一位学生协商代表喜欢这个决议。甚至在公开场合最支持决议的 6 位代表都告诉广大学生"我们对协商的结果感到失望",也对教员们对待他们的方式感到失望,教员们的态度表明"大部分教员仍然死抱着自己的特权不放"。[163]但是他们接受了妥协,在1969年春季的另一次公投之中,广大学生也接受了。[164]在和白人行动派的角力中,耶鲁的教员们比在和非洲裔美国学生的斗争中更明显地占了上风。学生们获得了更多的代表权,但是他们没有获得表决权。教授们仍然运营着学院,并且用学生的话说,他们仍然是"清晰可辨的统治阶级"。[165]

6

教员们的统治地位加剧了分化。文化碰撞不仅反映在白人教员和黑人行动派之间,以及自由派教授和改革派或"激进"的白人学生之间。1968—1969学年还见证了一股反主流文化和妇女运动在耶鲁法学院的兴起。耶鲁法学院不再是一个"共同体",而是成为了许多共同体——黑人行动派、白人行动派、雅皮士和女权主义者——的共存之所。[166]

由于1970届学生的缘故,1969年初,反主流文化驾临耶鲁法学院,为一场交友聚会举办声光表演。猪圈公社(Hog Farm

Commune)的6位成员首度造访思特灵法学院宿舍(Sterling Law Dorms),这个公社隶属于肯·凯西(Ken Kesey)的欢乐搞笑人(Merry Pranksters)组织,成员包括臭名昭彰的"维弗伊·格雷弗伊"(Wavy Gravy)。猪圈公社的社员虽然认为交友聚会是旧时代的残余,但他们仍然开着装满致幻药的巴士,穿着颜色鲜亮的两件套,破天荒地访问纽黑文,和学生们待在一起。他们后来还来访过多次。

社员客人们离开之后,主人们建立了宇宙实验室(Cosmic Laboratories),成员是大约三十名法学院的学生。他们利用便携式大型充气塑料建筑——其中一个做成鲸鱼的形状,为在耶鲁举办的"活动"提供场所。当宇宙实验室的成员在法学院的院子里举办活动时,他们通过一根伸到托马斯·埃莫森办公室的充气管给塑料建筑充气。这些建筑由建筑学专业的学生设计,可以使用多达300次。在充气建筑之中,声光表演和集体活动创造出另一个世界。宇宙实验室的成员穿着专门的两件套,上面画着的标志特别适合"六十年代"的法学院学生——一道闪电托起正义天平。[167]

他们并不是学法律的嬉皮士,尽管他们觉得"威廉·伯勒斯(William Burroughs)比厄尔·沃伦"更有吸引力。[168]他们并没有撤出政治；他们支持那些敦促分享治权的白人行动派。宇宙实验室的成员近似于雅皮士，比如艾比·霍夫曼（Abbie Hoffman）和杰里·鲁宾（Jerry Rubin）。比如，建立"S. H. I. T. F. A. C. E."的主张就混合了左翼政治和非主流文化的抗议之举。[169]

和公社猪圈的社员类似，女生们也认为耶鲁法学院应当采取更为开明的态度。1968年，教员们为了取悦女生（或许也取悦了校警，某些记录表明，他们在20世纪60年代的大多数时间都花在了查处异性违纪访问宿舍上）[170]，批准设立男女混住宿舍。[171] 希望住在宿舍的女生不再只能住到耶鲁最糟糕的宿舍楼之一——海伦·哈德利厅（Helen Hadley Hall），从那里步行到法学院要经过长途跋涉。[172]

图4　海伦·哈德利厅

但是，耶鲁法学院的女生中有许多也是白人学生运动和女权运动的积极分子，她们想要更多。1970届是那个时代的典型，女生一共只有7个人。"这不仅是女性缺乏兴趣的产物；法学院把大部分招生和宣传工作都放在了男校，而绝大部分学生都来自那里。"[173]次年，新生中的女性数量显著增加，这在很大程度上是女生向学院当局施压的结果。[174]1968年秋季，距耶鲁本科学院实施男女混校还有一年时间，25位女生入读耶鲁法学院。她们面临着一大堆问题。开学后不久的一份《辩护人》上这样通知道，"交友聚会在学院后院举行，提供史密斯学院毕业的姑娘和肯德基。腿多胸大。"[175]

既然女生到达了临界点，她们就把女权事务视为重中之重。她们说服院长：耶鲁需要开设"女性与法"课程。[176]就平权修正案（Equal Rights Amendment）问题，三名女生与托马斯·埃莫森一起，为《耶鲁法学杂志》撰写了一篇著名的文章。[177]其中两位作者安·弗里德曼（Ann Freedman）和盖尔·福克（Gail Falk）是纽黑文妇女解放组织（New Haven Women's Liberation）的活跃分子，她们建立了耶鲁法学院女性联合会（Yale Law Women's Association）。在一定程度上，这个组织自诞生之日起就以提高群体意识为己任。[178]耶鲁法学院的女生还与纽黑文当地的妇女一道，发起了妇女诉康涅狄格一案（*Women v. Connecticut*），这场诉讼推翻了康涅狄格州对于堕胎的立法禁令。[179] 她们指责法学院的女生数量太少，并说服录取委员会同意"采取政策积极招录"女生，使得申请人数量翻了一番。不久之后，女生在一年级中的比例稳定在 16% 左右。[180] 她们声称律师事务所搞性别歧视，因为他们公开告诉女生"她们更适合法律以外的工作"，并且所有招聘晚宴都在耶鲁的男性餐饮俱乐部莫利氏（Mory's）举办——法学院的女生到那里举行了静坐抗议。[181]

图 5　莫利氏餐厅

与其他法学院的情况一样[182]，她们的某些指控并不新鲜。国内著名法学院的首位女院长——贝斯蒂·莱文（Betsy Levin）

和民权活动家海伍德·伯恩斯（Heywood Burns），曾一道申诉说：她们在罗斯托院长任上求学于耶鲁法学院，当时的律师事务所歧视妇女和少数族裔。[183]后继的耶鲁女生则认为，问题出在执法上。她们所在的学院向所有使用学院设施的雇主散发了一本手册，禁止雇佣中基于种族、性别或宗教信仰的一切歧视。但是并没有关于执行政策或实施制裁的具体指南。更糟糕的是，院长委派负责调查申诉的人还同时负责校友关系和财政资助，他显然没有收到关于如何处理违规现象的任何指示。[184]女生们不觉得他有多么在乎歧视。"这取决于女生去施加压力。"[185]

好在耶鲁就业办公室对女生们好言安抚，并警告律师事务所不得在莫利氏举行面试，还拒绝批准那些"在雇佣实践中主动歧视"妇女的律师事务所使用法学院的设施来举办面试。[186]耶鲁法学院很快宣布支持职场中的平等权利。相反，芝加哥大学的女生宣称该院就业办公室允许拒绝雇佣女生的律师事务所使用其服务，却几乎没有从学院当局得到任何补偿，这迫使她们根据《1964年民权法》（Civil Rights Act of 1964）第七篇发起诉讼。"我们的法学院甚至连样子都没装。"一位芝加哥的女生告诉一位耶鲁报纸的记者说。[187]

7

到了1969年春季的耶鲁校友周,所有不满的暗流都到达地表并汇合一处。招待校友们的是学生协商委员会的长篇演说,目标直指教员们的"惰性和自满"。委员会的成员抗议说,耶鲁并未如他们所愿,成为"居于法律教育前沿的、非常进步的机构";并抱怨说,他们梦想的跨学科活动、都市法项目,以及热望的"真正共同体"都没能成真。[188]

之后轮到了朱迪斯·艾琳(Judith Areen),她后来成为了乔治城大学法律中心的第一位女性负责人。在她入学的第一个学期,颇受学生欢迎的弗雷德里克·凯斯勒教授几乎每堂课都点她的名——艾琳觉得这是因为她是女生的缘故,而关注她"是吸引全班注意力的一种方式"。[189]这起码比哈佛要进步些,那里的教授基本完全无视女生。[190]艾琳严肃地呼吁关注"妇女在耶鲁法学院和业界代表性的严重不足"。[191]

之后发言的是黑人法律学生联合会的主席奥提斯·考克兰。他哀叹道:"这座伟大的自由派机构拥有伟大的自由派教员,却无法令录取黑人的数量超过象征水平。"考克兰警告说:"你们的前途到此为止,前面会燃起大火。"而在同一天,超过八十名非洲裔美国好战分子挥舞枪支,身披弹链,站在康奈尔大学的学生会前。[192]

与此同时,包括宇宙实验室成员在内的其他学生为了庆祝校友周,在《辩护人》刊发的一篇题为"学生欢迎校友周"的文章中展示了一张照片。照片上是他们中的一员——丹尼斯·布莱克(Dennis Black),他拿着枪、披着子弹带,靠坐在一个标语下,而标语写着"越南革命,举起手来!"[193]支持学生协商委员会的学生们则假装成立了一个叫做"S.H.I.T.F.A.C.E.:学生帮助扩大教员对一切事务的权威和掌控"的组织。校友们在楼道里小心翼翼地移动时,看到标语宣示 S.H.I.T.F.A.C.E.支持教员们的一些最富争议的政策。校友们还看到学生协商代表退席时散发的、半开玩笑的标语:"给耶鲁法学院带来两场、三场……许多场斗争";"支持耶鲁法学院的阶级斗争";"一切人民支持耶鲁法学院学生的英勇斗争"。这些标语贴得到处都是。[194]

行动派们在耶鲁法学院的后院建造了一座绞刑架,为校友周活动收官。[195] 毕业生们被引到绞刑架前,听着一位学生正告一名校友:"我们想要一所再也不会有你这样的毕业生的法学院。"——那位校友喝醉了,跑来盯着绞刑架看,并且反复质问学生们"究竟"想要什么。[196]

图6　法学院后院

回过头来看,校友周的一幕可能很搞笑。然而在事发之时,教员们和许多校友都笑不出来。后院曾是学院引以为豪的公民交谈之所,而绞刑架则给那里平添了恐惧气息。在套着绞索的断头台和开玩笑的"S.H.I.T.F.A.C.E."之间,差别可谓天壤,后者只不过是失礼而已。当考克兰发言的时候,一位校友对院长抱怨说,他"周围有八位同事在讲台上一言不发,只是抱着胳膊坐在那里"。[197]

可想而知,此时的波拉克已经"筋疲力尽"。[198]他的一位同事报告说:"在刚刚过去的整个学年,我们都在很大程度上为生存而斗争",并说他害怕黑人和白人行动派在放暑假前发出的"威胁":"他们让我们秋天等着瞧"。[199]院长告诉耶鲁校长自己无意连任。[200]布鲁斯特同意法学院请一位新院长,但是新院长要到1970年夏天才能入职。这意味着波拉克还得熬过下个学年,那将是有史以来最糟糕的一年。

8

在1969—1970学年开始之际,宇宙实验室的成员、包括一些夏天在伍德斯托克音乐节(Woodstock)工作过的学生,与法学院的其他学生一道,在耶鲁法学院后院建立了一座"帐篷城",这是由大约二十座帐篷组成的公社。[201]秋季的一些时候,学生们在外露营,试图"一方面建设一个供学生逃离法学院氛围的庇护所,另一方面向法学院的其他成员展示一个包含了新价值的共同体,与他们抗衡"。[202]与伍德斯托克音乐节不同,耶鲁的帐篷城反对吸毒。虽然大麻就如校园生活一样,普遍被看做法学院的重要组成部分[203]，但是帐篷城的参与者小心地避免在城里吸毒，以免遭到搜捕。他们每天晚上都要唱歌，并宣布后院是一座"人民公园"。[204]

查尔斯·莱克（Charles Reich）有时会加入他们。这位教授参加了圣弗朗西斯科和伯克利的"爱之夏"（Summer of Love），流连于"大哥与控股公司"（Big Brother and Holding Company）和"感恩之死"（Grateful Dead）乐队的歌声之中。[205]"对我来说，梦想在后院露营……是再正常不过的了，"莱克后来强调，他实在耐不住去访问的好奇心。[206]他显然仍将帐篷城看做充满希望的标志，以至于在《美国的绿化》（The Greening of America）一书的结语中暗示道："耶鲁法学院是座哥特式的精英城堡，而在1969年秋季的那几周，城堡的后院变成了公社的营地，到处是帐篷、睡袋和野炊，有谁还会怀疑清风将至？"[207]学生们相信，莱克的偶尔造访让帐篷城存活了下来，因为没有哪个掌权者"愿意承受教员被逮捕的难堪"。[208]学生们在外面越待越久，许多教授惊恐地作壁上观。[209]

院长并不那么看。多年以后，他甚至都不记得帐篷城的"露宿示威"了。波拉克的描述充分证明了当时担任院长之难。他说："那会儿这可能不过是个小麻烦而已。"[210]

"六十年代"驾临耶鲁 | 065

越南战争才是大麻烦。征兵令在约翰逊总统任上缩水到了十分之一的规模，而尼克松修改了义务兵役制，引入抽签方法，将征召顺序从年长者优先改为年轻者优先。[211]虽然被征召的风险没从前高，耶鲁法学院的学生仍然继续抗议美国的政策。在学年之初的一次教员会议上，波拉克对"象征性"的学生参与表示欢迎，因为耶鲁法学院学生会尚未正式选出自己的代表。出席的学生随即要求他们的教授在1969年10月15日全体停课，那一天是国家反战活动日，"以此象征我们对于继续越战的抗议，并让学生、教员和职工能够按计划参加当天的活动"。[212]布鲁斯特校长反对这一立场，理由是"耶鲁不应当出于政治原因而放弃机构的中立性，不论支持者有多广泛"。[213]波拉克支持校长，但他表达了对于"学生敌视越南战争"的强烈同情。资历较浅的教员理查德·阿贝尔（Richard Abel）和约翰·格里菲斯（John Griffiths）则争辩说，战争的严峻性压过了"学术中立"的重要性。[214]

让阿贝尔和格里菲斯不快的是，教员们以压倒多数否决了学生的动议。[215]耶鲁的学生将教授之举视作教授们不明大义的新证据。虽然毕克尔和他的大多数同事在会议开始时都"亲自上阵，宣泄似地公开谴责了越南战争"，但这并没有感动年轻一辈。对于后者来说,这是教授们"盲目无知"的另一个迹象。[216]

和毕克尔及他的同事相比,学生们几乎毫不在乎机构中立的重要性。弗雷德里克·凯斯勒"深受"马克斯·韦伯(Max Weber)的"影响",安东尼·克朗曼亦如是。他在写到凯斯勒时,生动展现出凯斯勒对于"学术中立理想——也即大学远离政治压力和派性要求"的服膺和辩护。克朗曼认为,凯斯勒在这个问题上有意识地追随韦伯,而韦伯"比大部分人都更清楚价值在学术研究和教学中所发挥的作用"。克朗曼补充说,凯斯勒也意识到了这一点,但是"他和韦伯一样,要和那种认为教研只是另一种手段的政治的观点作斗争。他奋力将学界隔离于外部世界"。[217]这个目标从许多角度都值得赞美,尤其是当目标的追求者们知其不可为而为之的时候。理想无法实现本身甚至令为此而做出的奋斗更加宝贵。

可是,学生们并不把机构或学术中立看做一个有价值的目标。他们认为,"机构中立"本身就是一种政治立场,具有政治后果。[218]他们关注实现机构中立的政治不可能性:当下的社会之中,大型机构在决策时扮演的角色如此重要,"大学"如何能比"企业"更好地维持其中立性?他们主张,教授们总是"一面接受支持政府利益的学术事业,一面又将之界定为非政治性",并为这种"智识分裂症"而感到内疚。[219]那么"中立性"为何突然变得重要起来?"是谁一面谴责美国高等教育机构的政治化,一面又向第二次世界大战的动员工作全面妥协?"[220]

10月15日,一万五千人聚集在纽黑文中央绿地(New Haven Green),举行了"国内第二大规模的反战活动日大游行"。布鲁斯特和理查德·李(Richard Lee)市长都公开谴责了越南战争。[221]出人意料地,耶鲁黑人学生联盟(Black Students Alliance at Yale)的主持人格伦·德卡波特(Glenn DeChabert)打断了活

图7 纽黑文市中央绿地

动进程。他猛烈抨击了纽黑文市和耶鲁执法部门针对非洲裔美国人的"警察暴行",谴责耶鲁校长和纽黑文市长纵容暴行的存续。[222]就在同一天,耶鲁法学院学生会针对布鲁斯特发表声明,宣称"黑人每天都遭受着纽黑文警方的无理骚扰和虐待,而学校当局应当采取一切措施消灭这些,……因为学校对于耶鲁学生负有直接责任,对于纽黑文这个大共同体也负有道德义务。当局逃避这种责任和职务,令本会深感困扰"。[223]

9

在耶鲁很少有人公开支持越南战争;德卡波特挑起的话题则加剧了分裂局面。1969年8月,黑豹党(Black Panther)主席波比·希尔(Bobby Seale)被控六项罪名,包括谋杀、共谋杀人,以及和另一位黑豹党人艾利克斯·莱克利(Alex Rackley)之死有关的一宗绑架。希尔5月在耶鲁法学院发表演说之后不久,警方就找到了莱克利的尸体。据起诉状描述,黑豹党人怀疑莱克利充当了警方的线人,他们在希尔的指使下,对莱克利施以酷刑,并杀害了他。希尔及其追随者则反击称,发生在纽黑文的逮捕反映了全国警察联手摧毁黑豹党的阴谋。[224]

次年5月,希尔一案开审,许多耶鲁人担心他得不到公平的审判。甚至纽黑文市警长詹姆斯·阿赫恩(James Ahern)后来都承认:起诉希尔令他"大吃一惊"。"虽然纽黑文市警察局有证据表明:在莱克利待在果园街(Orchard Street)的公寓期间,希尔曾经到过那里,但是我们没有可靠证据将他与莱克利的死亡或者受刑联系在一起。"警长回忆说。不过在当时,阿赫恩把疑问留在了心底。[225]

耶鲁的学生们为希尔而焦心。于是,到1969年秋季,学生的注意力自然而然地转到法律对非洲裔美国人的影响上。就如黑人法律学生联合会在呈文中所指出的,耶鲁的黑人学生经常被校警怀疑成来捣乱的外人并叫住盘问。考克兰后来说,校警们仿佛身处"特权的绿洲",而非洲裔美国人"无处不受到不公平对待,就仿佛他们在密西西比的德尔塔(Delta)一样"。[226]他们和纽黑文市警察打交道的经验也并不比这要好。[227]

10月14日是个星期二,在耶鲁法学院访问副教授乔治·勒夫考(George Lefcoe)的财产法课上,一位黑人学生要求教授讨论警察骚扰问题。勒夫考回答说那和课程无关。课后,正当失望的学生们站在一起讨论老师的回应时,黑人法律学生联合会的成员埃里克·克雷(Eric Clay)不期而至,他并不是勒夫考课上的学生。他后来作证说,听到刚刚发生的事情以后,"我对勒夫考先生讲,他如果再在课上慢待黑人,就会被踢屁股"。勒夫考吃了一惊,问克雷叫什么名字。克雷拒绝表明自己的身份,并警告教授记住他的话。勒夫考将此事汇报给副院长威廉·费尔斯汀纳(William Felstiner)。关于交谈的内容,勒夫考与克雷的记忆有不一致之处。据教授说,该学生威胁把勒夫考"揍出屎来"。[228]

作为耶鲁法学院的校友,勒夫考对种族主义并不陌生。他是正统派的犹太教徒,在佛罗里达南部的种族隔离制学校中长大。他一直与"红脖汉"(rednecks)们肉搏,争论校园种族融合问题。还在上中学时,他就在黑人教堂发表演说,并访问了隔离且不平等的黑人中学。作为南加州大学的教授,勒夫考住在鲍德温丘(Baldwin Hills),那是个多种族混居的社区。耶鲁和他签了一份为期三年的合同,这三年大概可算作"考察期",学院据此决定是否为他提供永久教职。[229]

在某些人看来,勒夫考的访问进展不利。一位教授记得,勒夫考在耶鲁有招学生烦的坏名声。[230]一些黑人学生给他贴上了"麻木不仁"的标签,后来还抱怨他的"许多行径都让班上的黑人学生感到气馁",甚至在与克雷过招之前已然如此。[231]

当然,从勒夫考的角度来看就完全是另一回事了。勒夫考始终坚持:"教师对于他们的学生负有道德义务,应当确保教室内的行为符合道德原则。"勒夫考记得,当克雷冲他说话的时候,他很为学术自由感到担心。不过,他小心行事,先咨询了若干同事,然后才向费尔斯汀纳提起正式申诉。他毕竟只是一位访问学者,这意味着他甚至不参加重要的教员会议。而勒夫考也并不觉得存在人身危险。如果他考虑到自己的人身安全,他本来会联系校警或纽黑文警方:"我向法学院提起申诉时所考虑的唯一原因是:这次威胁冲口而出,意在迫使我把教室让给一撮黑人学生,任他们恐吓、谩骂纽黑文警方。"并且,他咨询的教授们"为个人着想",都敦促他提起申诉。[232]

一波未平,一波又起。之后一周的星期一,60 至 80 名非洲裔美国人列队步入法学院,他们中有许多是法学院的学生。[233]这些人分成几个小组,闯进三间大教室。他们在每间教室都转了五分钟,并有节奏地呼喊:"制止警察!"。随后,学生穿过街道,走向伍德布里奇厅门前的广场。波拉克截住了他们,他爬到一辆轿车顶上,警告说法学院不会"再容忍妨碍课堂之事。任何学生都会受到纪律处理"。当院长试图讲话时,"制止警察"

的呼声并没有停下。《耶鲁每日新闻》报道说,当游行的学生拒绝听他讲话时,波拉克"跳到[广场上]欧登伯格(Oldenburg)雕塑作品的拖拉机部分之上,大声喊道:'你们这群人里有没有人愿意听我讲?'"[234]他的办公室随即发布警告:"耶鲁学生"如果通过"示威行动"打断课堂或"本院运转的其他方面","干涉其他学生、教师或职工进行日常学术工作的平等权利",都将"按照学术纪律被处理"。[235]果不其然,费尔斯汀纳院长通知三名参与游行的法学院学生:他们可能会受到处分。费尔斯汀纳还把克雷一案移交给一个特设纪律小组。与当时的其他小组一样,这个小组并不包括学生代表。[236]

图 8 欧登伯格雕塑作品

到了周末,整个耶鲁法学院共同体都沉浸在一片关于三名法学院抗议者和克雷的喧嚣之中。学生认为把这三位学生单拎出来处分是恣意妄为;费尔斯汀纳则坚称:他能确定身份的人只有这些。更糟糕的是,在教授们看来,黑人法律学生联合会此举意带威胁,相当于通电教员要求举行会议。收到通电以后,一些教授当即要求秘密召开教员会议,波拉克于是决定会议在自己的房子里举行。[237]学生会本以为教员们已经承诺在秘密会议召开前会通知他们,这次却并没有收到通知。院长事后对学生会成员解释说,他的一些同事坚持认为没必要通知,因为学生会当时还没有举行选举。[238]然而,学生们还是得知了开会一事,并且跑到波拉克的房子那里举行抗议。教员们拒绝听取他们的意见,于是学生们愤怒地离开了。[239]教授们——他们仍然更愿意安抚白人而非黑人学生中的行动派——后来答应在次日听取黑人法律学生联合会的意见。[240]

但是,教员们与非洲裔美国学生的漫长会议进展不顺。教员们受惊了。莱克回忆说,黑人法律学生联合会的两名成员"站在门口,四下张望,仿佛卫兵"。[241]考克兰告诉《耶鲁每日新闻》说,在他看来,虽然"我们尽可能坦诚地表达黑人学生的不满",但是教授们只是"做笔记,然后企图用大而化之的套话来搪塞我们,全然不顾我们即使在学校露面都会受到威胁"。[242]

次日,克雷与勒夫考的对抗已经过去整整两周,黑人和白人学生走上了街头。《纽约时报》报道说:"标语牌构成了一道纠察线,上面画着被闪电一劈两半的正义天平。"[243]波拉克让步了,他宣布不会处分那三位打断课堂的法学院黑人学生。[244]

但是,纪律委员会对埃里克·克雷"暴力威胁教员"的指控仍悬而未决。教员们显然希望平静地解决这个问题。[245]而克雷挑选了一位法学院三年级的黑人学生梅尔·沃特(Mel Watt)担任自己的学生代理律师。克雷和沃特可能在来耶鲁之前就相识了。他们都上过北卡罗来纳大学。沃特在法学院的经历可能也给克雷留下了深刻印象;沃特是《耶鲁法学杂志》的一员。结果,克雷和沃特转而坚持要求举行"审判"。而由于纪律小组中并不包含学生,教员们很难一味自行其是。克雷案小组的主席约瑟夫·戈尔斯坦(Joseph Goldstein)拒绝将听审对公众公开[246]——沃特猜测,这可能是因为公开会迫使他和小组其他成员"将克雷这个学生当做平等的一员来对待"。[247]不过,戈尔斯坦允许耶鲁法学院共同体中的人旁听。[248]

听审在法学院最大的教室举行,史家安·斯坦利(Anne Standley)报道说,"吸引的观众多到教室容纳不下,连走廊和窗边都站了不少人"[249]。出于某种原因——或许是为了勉强营造出不那么正式的氛围[250]，或许是为了复制通常举行纪律听证的办公室格局，以符合某种正当程序的观念[251]——小组要求组员、克雷和沃特坐到特意搬来的沙发和软垫椅上。气氛很紧张。虽然观众"举止得当"，也善待了提起申诉的证人勒夫考，但他们显然对纪律小组有所怀疑。[252]

沃特和克雷做了简洁的辩护。针对勒夫考的紧迫暴力威胁并不足以使克减克雷本人的言论自由权变得正当，因为"踢你的屁股"一语要放到背景中去理解。最高法院新近肯定了那么做的正当性：一项立法禁止任何人对美国总统进行人身威胁，一位反战抗议者因为违反该法而被定罪，而最高法院取消了定罪判决。[253]

他们所说的背景是指克雷的个人经历。克雷在北卡罗来纳长大，而在那里，"踢你的屁股"一语只是个预言，并不构成威胁，也无需为此担心。那不过是"街头巷尾的夸张说法"，其含义取决于说话时周围的情境。沃特坚称，克雷只不过是进行了"假想表达"，并没有暴力意图。[254]这可能是真的。轮到奥提斯·考克兰发言时，他说勒夫考肯定没有理解克雷的意思，而且声称克雷已经很"克制"了。[255]

但是，克雷说的可不止是街头巷尾的俚语。勒夫考记得，他听说克雷是在一个内城的安居工程里长大的。他是本家族的第一位大学生。尽管如此，在北卡罗来纳大学，克雷和沃特毕业时都加入了弗爱—贝塔—堪帕荣誉社，克雷还担任过卡罗来纳政治联盟（Carolina Political Union）的主席，以及辩论和慈善协会（Dialectic and Philanthropic Societies）的负责人。[256]因此，勒夫考认为克雷和所有其他耶鲁法学院学生一样，都"极善言辞"。[257]

通过主张沟通有误，辩方将焦点从被申诉人克雷转向了申诉方证人和申诉人勒夫考。勒夫考可能得到了一位检察官的帮助。不过，虽然学生抱怨小组同时行使着"公诉和审判的混合职能，这本身就导致公正听审难上加难"[258]，但是并没有设置正式的检察官。在听审过程中，本来应该有一位精通诉讼和行政听证的教员自愿待命，以确保听审不会沦为"指责受害人"的场合。但是没有人站出来。在勒夫考看来，法学院当局和他的大部分同僚，包括某些建议他发起申诉的人，都让他处于困难的境地。[259]勒夫考觉得自己被推上了被告席。针对埃里克·克雷的处分听证本来可以称作耶鲁法学院诉克雷（*Yale Law School v. Clay*），结果却成了克雷诉勒夫考（*Clay v. Lefcoe*）。

由于程序的性质,勒夫考并没有受到本方律师的询问。而沃特花了很长时间对他进行交叉盘问,内容是他先前与非洲裔美国人相处的经历,这明显是企图证明勒夫考几乎没有和黑人相处的经历,所以误解了克雷的话。沃特以为勒夫考和黑人的来往仅限于和侍者的交谈,而考虑到勒夫考的成长经历和作为低薪资浅教授的身份,勒夫考对这种猜测忍俊不禁。"关于我误会了克雷先生的意思的主张很聪明,但是我确信克雷先生和沃特先生知道那毫无实益。"勒夫考后来说。不过,克雷和沃特"当时还是学生,我能看破他们耍的手腕"。[260]

沃特为了论证存在文化差异的观点,要求克雷"告诉小组:在你的老家,'踢你的屁股'这话是什么意思?"克雷回答说:"这可以指一系列意思,从'现在你死定了'到'早上好'或'下午好'。"他"说这话的本意是:除非勒夫考先生改善自己的言行,否则就会面临实际后果"。克雷解释道。[261]

不过,克雷随即中断了论证。[262]这一串问答本来让他有机会主张自己没有暴力威胁勒夫考。沃特问他:在他和勒夫考的交谈中,"如果你再这样,你的屁股就会被踢"这句话是什么意思:

> 问[沃特]:那里面有你个人威胁要踢勒夫考先生屁股

的意思吗?

答[克雷]:我不认为那个后果必然发生,因为那取决于我将采取的行动。我说那话的意思是:如果勒夫考先生不改变自己的言行——我现在仍然这么认为——那个后果就会发生。至于我或者其他人会不会去踢他,我不知道。

戈尔斯坦主席:你能告诉我们你当时想到的后果是什么吗?

证人:不能。

戈尔斯坦主席:你是拒绝回答,还是完全不知道?我不理解你的回答。

证人:我拒绝回答。[263]

辩方几乎完成了不可能完成的任务。他们证明了耶鲁法学院与内城之间存在文化鸿沟,使得克雷既可以妥协,又无需道歉。多年以后,一位黑人法律学生联合会的官员仍然记得"梅尔·沃特技艺高超的表演"[264],他"似乎在说,我们是律师,这些法律工具任由我们使用,就像我们想怎么示威都可以一样"。[265]

虽然沃特和克雷证明了他们的法律学得不错,他们却几乎没有说服与会教员是勒夫考误解了克雷的意思。[266]如果克雷抓住了他的律师为他创造的机会,那么为了从长计议,本案可能被当成误会而撤销。而克雷对戈尔斯坦的回复,以及对于自己行为正确性的坚持,却突出了听审的政治本质。在那个戏剧性的时刻,舞台已经搭了起来,他看上去却脱离了剧本。[267]这令他的言词显得比以往任何时候都带有威胁意味。

结果,纪律小组被证明并不倾向仁慈。小组成员一致同意:一切说法,从"打出屎"到"遭到后果",都构成暴力威胁。小组还认为一切辩护或开脱的说法——包括:勒夫考看上去并不害怕;事件表明白人需要对黑人文化更加敏感;就算克雷确实出语威胁了勒夫考,"他也活该被那么说"——都不足为信。但是,纪律小组无法就处分建议达成一致。少数派建议立即让克雷在本学年剩余时间里休学[268],而多数派则建议先给克雷一个机会,让他证明自己理解了自己的言词构成暴力威胁,并声明反对暴力。[269]

然而,在波拉克看来,多数派的解决方案不可行。院长没有明说的是:黑人法律学生联合会的成员私下警告他,无论他选择哪种方案,所有非洲裔美国学生都会退学。[270]白人学生则告诉他,他们同样可能会"非常不爽"。[271]波拉克名义上的说法是:他与克雷和其他人商量后,决定不让克雷做出任何保证,因为克雷会把他们的让步"当成侮辱"。于是,院长让克雷留校察看,允许他继续在校学习。[272]

波拉克不让克雷吃苦头的决定很明智,特别是考虑到这名学生没有违反学院的任何明文约束。院长本来可以毁掉克雷的职业生涯,或者至少让他在毕业后面对律师协会委员会时遇到麻烦。而如果他那么做了,就会在危险的时刻揭开烧水壶的盖子。如果学院当局完全拒绝在评分、纠偏行动或学生参与治理方面让步,那么学院恐怕很快会达到沸点。《辩护人》曾在上一年预测说:治理问题并不会导致学生极端化[273],但是当这个问题被放到纪律处分程序的背景之中,就获得了引发爆炸的潜力。耶鲁本科学院允许学生列席执法委员会(Executive Committee),而该委员会恰恰负责处分学生。[274] 教授们建议对埃里克·克雷处以停学处分,而周遭充满着对于警察骚扰、种族不公和言论自由的关切,并且停学会造成这样一种印象,仿佛耶鲁法学院比本科学院更把自己的学生当小孩看,这些恐怕足够驱使学生去筑街垒了。

这些都没有发生。后来,梅尔·沃特成为了20世纪北卡罗来纳选出的仅有的两位非洲裔美国人国会议员之一,克雷的事业也走上坦途。从法学院毕业以后,他担任了美国联邦地区法院法官达蒙·基思(Damon Keith)的助理。之后,他和另外两位非洲裔美国律师一道创办了一家律师事务所,那是美国由少数族裔建立的律师事务所中时间最早、规模最大之一,并综合了公司法和公益法的业务。[275]1997年,比尔·克林顿任命克雷担任第六巡回法院法官,填补由于基思退休而空出的职缺。基思主持了克雷的宣誓,而观众当中就有克雷在耶鲁法学院的同班同学克拉伦斯·托马斯(Clarence Thomas)和拉尼·贾尼尔(Lani Guinier)。[276]克雷法官的事迹包括:撰写法院意见,以违反国教条款为由推翻了教育券制度,该判决后来被最高法院反转;撰写附议,为密歇根大学法学院基于种族的纠偏行动的合宪性做强力辩护。[277]勒夫考后来也说波拉克做的是对的。[278]

可是在当时,谁都不满意。正如院长所言,他的决定"比其他任何议题都接近分裂教员队伍"。[279]紧张关系在一段时间内清晰可见。当时,一边是对学生有些同情的教员,比如埃莫森、萨默斯、莱克、伯瑞斯·比特克尔和一些资历较浅的教员;另一边则认为院长本该更强硬些,那些人包括两位戈尔斯坦、毕克尔、布莱克和罗斯托,而波拉克试图把他们团结到一起。克雷案的程序,以及波拉克选择的处理方案,都激怒了那些反对向学生让步的教授,从而进一步破坏了氛围。院长承认,约瑟夫·戈尔斯坦觉得他的行为"彻底无脑",以致波拉克只好提醒同事们自己不会在院长任上待太久,非此不足以安抚戈尔斯坦。[280] 波拉克说到做到。[281] 他的让贤之举也可能受到了传闻的影响:据说,约瑟夫·戈尔斯坦、毕克尔和其他人在讨论逃离耶鲁,组建他们自己的研究机构。[282] 毕克尔、圭多·卡拉布雷西、凯斯勒和拉尔夫·温特(Ralph Winter)散发了一份备忘录,坚称学院的纪律标准始终明晰,而院长对克雷案的处理损害了学术自由。

　　那个学生自己已然简单直白地表明:他拥有自行其是的绝对自由,无论这样做会如何伤及本院的教育使命,也无论这样做会如何违反这一学术共同体对于成员资格的既定标准,并且他仍然坚持这个看法。

　　按照自己的良心教书写作的自由,是任何值得一提的学术机构的基石。威胁使用人身强制来改变教员授课的方式,会冒犯到所有珍视学术事业的人——无论学生还是教员,更不用说强迫讨论与课程无关的事情。据称,这一点在耶鲁法学院的共同体内并非总是被很好地理解。这种说法是不可接受的。[283]

　　无疑,克雷案和那个时代都尤其让有难民经历的教员难以接受。卡拉布雷西是从法西斯意大利逃奔而来;约瑟夫·戈尔斯坦的夫人和耶鲁法学院同班同学索尼娅(Sonja),以及凯斯勒,都是从希特勒时期的德国逃过来的。安东尼·克朗曼回忆说,凯斯勒"在纳粹德国与大学的政治化"作斗争,所以,"到了60年代,他以同样的勇气,反对那些从另一个方向威胁美国大学的诉求和社会活动"。[284]毕克尔的叔叔在纳粹掌权时失去了获得柏林大学教职的机会[285],他公开将校园激进分子的行为比作那些醉心于"纳粹浪漫"的人的行径,并告诫教授们要抵制胁迫。[286]

波拉克虽然费尽心力安抚那些不满的同事,但是对许多学生的安抚则不够。克雷"赢"了,但这只是因为院长搁置了一个机构的判决,而那个机构的组成在很多学生看来并不公正。学生协商委员会与教员们在前一年交锋时的大吵大闹全然无果。虽然克雷躲过了惩罚,但这个胜利是空洞的。沃特记得,他在听审后觉得"空虚",并且预感毕业前还会出事。[287]

10

法学院的团结直到五一节才有所恢复。1970年5月初,为了希尔案的庭审,上万人眼看就要涌到纽黑文,这促使法学院的共同体一起面对。4月21日,四五千名耶鲁本科生参加了在冰球馆举行的大会,他们投票决定:帮助预计将在五一节的周末打上门来的数千名抗议者,并参与一场非暴力的"罢课"。[288]两天后,他们的教授举行了会议。"上帝都知道,形势很紧张,因为涉及的恰恰是让康奈尔、哈佛和其他学校公开决裂的议题,不但教员和学校当局决裂,而且教员内部也分裂了。"布鲁斯特回忆说。[289]他、非洲裔美国人教员们,以及学生行动派取得了胜利。[290]屋外群集的本科生在咆哮,那氛围让一位教授想起了1789年。[291]但是教员们在投票中以压倒多数支持一项决议,这项决议由非洲裔美国人教授提出,旨在"修改……本校的正常预期"。日常学术安排将会被临时改变,以让"所有关心及有兴趣的人都获得机会,讨论议题本身及其后果,并就我们在这场危机中的正确方向制订计划"。课程还要继续,不过教授和学生可以讨论黑豹党的审判和相关议题。这样一来,教授们就不太可能拒绝埃里克·克雷之类学生讨论时局的请求,由此引发共同体危机的可能性就变小了。并且,耶鲁将向抗议者开放校园。[292]

布鲁斯特还发表了著名的宣言:"从个人的角度,我想说的是:事情坏到这个地步,让我感到既惊恐又羞耻,以至于我要怀疑黑人革命者在这个国家到底还有没有获得公正审判的可能。"这导致理查德·尼克松的副总统斯皮罗·阿格纽(Spiro Agnew)呼吁耶鲁校友提要求,换个"更成熟负责的人"来领导学校。[293]尽管阿格纽气坏了,罢课的准备仍在继续进行。"据信,作为唯一尚未经历严重分裂的重要大学,耶鲁此次将成为史上破坏力最强风暴的中心。"[294]

在布鲁斯特的领导和教员的支持下，学校承诺将会一视同仁地帮助学生和外来抗议者。因此，按照《华盛顿邮报》（Washington Post）社论的说法，即将发生的罢课并非针对耶鲁校方。"相反，这在一定意义上是集体为耶鲁对黑人社区的责任感背书，集体回应由于黑豹党在纽黑文的审判而引发的危机感。"与其他地方的动荡相比，纽黑文校园骚乱的不同之处在于，"学校当局、教员和大部分学生都坚定地联合起来。如今的耶鲁校园里有一种令人兴奋的，或许也是独一无二的团结"。在《邮报》看来，布鲁斯特将"表面上的决裂和纷争"转变为团结和决心，这显然值得称赞。"当然，他的成绩在很大程度上都要归因于斯皮罗·阿格纽副总统……他［布鲁斯特］昨天说自己从没像现在这样为耶鲁而骄傲；显然，耶鲁也从未像现在这样为自己的校长而骄傲。"[295]

然而，在法学院，情况就不那么一目了然了。关于审判的观点在院里满天飞。在就这个议题举行的第一次大会上，一位二年级的法学院学生看上去很严肃地提议[296]：耶鲁共同体中的100个成员应当签订自杀契约。每天都抽签选出一人，那人应当以无节制的自毁行为来杀死自己，直到希尔和其他黑豹党人获释，这样做能够让参与者"像黑豹党人一样死去，像男人一样死去"。[297]约翰·道吉特(John Doggett)是黑人法律学生联合会的成员,也是法学院学生会的代表。他宣称,耶鲁法学院对这次审判的态度将向全世界表明:"耶鲁法学院中人究竟是有关怀的、积极的公民自由主义者,还是无视用法院搞种族灭绝行径的无知之人。"他要求每位教员都行动起来,确保黑豹党人获得公正审判,否则,"当黑人把他们的怒火倾泻到你们所代表的体制上时",纽黑文和耶鲁法学院都会被"烧毁"。[298]在4月下半月,一些白人和黑人学生帮助黑豹党人的辩护律师做研究[299],还有些学生则和教授一道,就此次审判对没学过法律的公众进行教育。[300]波拉克站在布鲁斯特一边,他公开将阿格纽比作乔·麦卡锡(Joe McCarthy)。[301]

而毕克尔的立场则左右摇摆,他后来为自己投票支持罢课感到后悔。[302]他与查尔斯·布莱克及其他几位法学院中人和外人一起,私下询问耶鲁校长:你在就黑人革命者发表宣言的时候到底是怎么想的?他说:"我们没有任何证据表明:康涅狄格州负责此事的执法和司法官员没有能力或没有意愿让被告获得公正审判。"[303]他的话后面藏着一个疑问。此次对抗议者的"官方欢迎"[304]能够证明布鲁斯特所宣示效忠的"机构中立"吗?

有些人比毕克尔还强硬。毕克尔直到事后才公开对《新共和》(The New Republic)讲了这些;当耶鲁共同体等待成千上万人涌入纽黑文中心绿地的时候,他只是私下和校长讲了一下。而候任院长艾布拉姆·戈尔斯坦当时就公开发表了相同见解。在五一节周末前的工作周伊始,戈尔斯坦以刑事程序专家的身份宣称,他"没有看到任何证据表明:纽黑文的黑豹党人在这里无法获得公正审判"。[305]

次日凌晨一点零四分,法学院学生葛维宝(Paul Gewirtz)致电耶鲁校警局,报告说他和其他人在地下室闻到了烟味。[306]校

图9　耶鲁法学院地下室(原国际法律图书馆所在地)

警们冲到思特灵法学楼（Sterling Law building），发现国际法律图书馆燃起了"源头可疑"的火。大约五百本书被毁，某些建筑结构也确定受到了损害。现场警员队长报告说，法学院的学生"排成长龙，传递水桶救火，并尽力抢救财产"，而且"一些女生也参加了"。[307]

波拉克也冲到现场。事实上，火灾让学生们意识到院长"温和风趣"，他"在对抗成为主导模式时，为法学院保留了共同体意识"。[308]一位学生后来回忆道：

> 大约凌晨两点，火灾已经被扑灭，一队学生也挪走了仍在阴燃的书籍，波拉克院长在115教室主持了一次集会。人们提出了一些杜绝今后发生类似事件的建议。最后，大约凌晨三点的时候，我们当中一位比较有律师范儿的同学提出：他称为"一群疯子"的人据信计划于明早扰乱法学院，为此，我们应该搞一份临时禁制令（T. R. O.），以制止那些人的攻击。路易斯·波拉克顿了一下才回答他。"如今告诉你这个可能有点晚了，"他说，"但我完全不知道如何搞到一份临时禁制令。"[309]

波拉克后来说，是这场火灾让他的院长经历变得值得。他认为火灾展现了学生对于法学院、特别是学院的心脏——图书馆的责任感。[310]"整件事情让人高兴的地方在于,"他当时说,"我们的学生以不寻常的方式感受到了对法学院和法律职业的侮辱——超过一百名学生在凌晨两点钟集合,开始清理书架,之后一直在那里放哨。"[311]院长欣喜地"发现,对于竟然有人会神经搭错(无论是出于意识形态动机还是其他)到烧书这件事,我们学生的震惊程度毫不逊于我们这些上了年纪的教员"。[312]

艾布拉姆·戈尔斯坦相信,火灾把法学院的学生拉回了现实。"火并不大,但是很有场面感,烧毁的书都打湿了横在高街(High Street)上,"他回忆说,"当时,我们中有很多人感到,这起事件比任何其他事情的效果都要大。它突然驯服了煽风点火的人,突然驯服了我们自己培养出来的学生激进分子。事态看来可能失去控制,这促使他们冷静下来。"[313]

任命戈尔斯坦担任院长也明显是为了驯服"自己培养出来的学生激进分子"。戈尔斯坦是推车小贩的儿子,他在纽约的下东城(Lower East Side)和布鲁克林长大。"我从没想过自己会有今天。"戈尔斯坦后来回忆说,耶鲁之类的私立大学是"在美梦和故事书里才有的"。[314]然而,当他从纽约城市学院毕业的时候,第二次世界大战爆发了。戈尔斯坦在陆军先后担任爆

图10　墙街与高街路口处的耶鲁法学院

破员、军事警察和反间谍探员,之后入读耶鲁法学院。他发现,"在我看来,由于《退伍军人安置法》(GI Bill)的缘故,一种新的能人之治的体制正在形成"。他在《耶鲁法学杂志》做过论文编辑,也是大卫·贝兹伦(David Bazelon)法官的第一位助理。"此人当年有激进法官之名"[315],并且在精神失常抗辩的重塑之中扮演了关键角色。[316]之后的麦卡锡时代,戈尔斯坦在华盛顿做律师,他在一起对政府忠诚项目的严重挑战中,为瓦尔·洛文(Val Lorwin)辩护,证明了自己对于公民自由的信念。作为刑法和刑事诉讼法的杰出专家,戈尔斯坦新近拒绝了哈佛大学的教授职位,理由是在耶鲁"既存的忠诚和友谊纽带是如此坚实,难以割舍"。[317]他把自己说成"一个典型的耶鲁人",因为他把法律和社会科学熔于一炉。[318]他虽然在教育政策上富有创见,但是个性强硬。《纽约时报》以头版文章宣布这位"移民之子"获任,呼吁人们关注学院最近的动荡,强调"一些白人激进分子和黑人学生[认为]他并不同情他们的目标",因而对戈尔斯坦的获任感到失望。而戈尔斯坦对该报说,他并不"在那伙无条件满足学生一切要求的人之中"。[319]

虽然耶鲁法学院现在看上去越来越团结,波拉克和戈尔斯坦仍然决定取消即将到来的校友周末。[320]随着周末的临近,拉尔夫·温特教授告诉一位记者,"这里散播的谣言哪怕只有10%是真的,那么纽黑文到星期一就不复存在了"。[321]法学院的一些教授住在校园附近,他们担心自己的私有住房保险范围不包括骚乱损失[322],连忙去买灭火器。[323]毕克尔把他的论文从办公室搬走并用缩微胶卷拍照。[324]"我们觉得这是世界末日。"勒夫考回忆说。[325]

在五一节将临之际,耶鲁法学院的火灾既代表了团结,又代表了混乱。由于觉察得早,火灾造成的损失相对很小。但是正如波拉克当时所言:"象征意义重大。"[326]《纽约时报》关于这次事件的头版报道中有一张鲍克的照片,他当时正凝视着从法学院抢救出来、正在晾晒的书籍。"耶鲁的火灾,"标题写道,"烧毁了摆满法学院图书馆内甬道两侧的书,……纵火犯在地下室放火,造成了价值2500美元的财产损失。"[327]

其实,警察报告说火灾起因"不明"。[328]直到两个月以后,波拉克还没等来是否有意纵火的官方结论。[329]后来,官员们告诉他说火灾是场意外,他也接受了。院长知道,图书馆的地下室乱得很,很容易起火。[330]

然而,这场火灾是作为一起纵火案进入集体记忆的。事后大约三十年,希拉里·克林顿(Hillary Clinton)在耶鲁的毕业纪念日上谈起此事,她开玩笑说,"一小撮乌合之众"宣称是她放的火。"而我其实加入了学生们传递水桶的长龙,抢救图书。耶鲁法学院是我们国家最伟大的机构之一,而有的人竟然失意、生气和愤怒到了要……烧书的地步,[去追随]法西斯主义和其他压迫性政治理念,害得我们从他们手里救书,这感觉真够怪的。"[331]鲍克在写自己的回忆录时,坚称纵火案伤害了图书馆;他把学生比作纳粹和法西斯党徒,并为耶鲁和其他精英大学的投降妥协而痛惜。[332]作为第二次世界大战时从欧洲逃来的难民,毕克尔也持同样看法,他在写给《新共和》的文章里谈到火灾"明显是故意纵火"。[333]

毕克尔等人将20世纪60年代后期在耶鲁发生的事情当做对自己毕生事业的袭击，但是在他们看来，五一节周末肯定有些虎头蛇尾。法学院的学生为抗议者提供帮助，扑灭了模拟法庭室的另一起火灾，并在法学院设岗放哨，从而相对平静地度过了那两天。但是还没到庆祝的时候。尼克松于4月30日宣布美国入侵柬埔寨，让每个人都措手不及。5月4日是个星期一，正当耶鲁有些"过分自得"地庆祝成功度过了上个周末[334]、并宣布重归"正当预期"时[335]，国民警卫队在肯特州立大学杀死了四名学生。去年秋季因反战活动日而复生的反战运动，由此积聚起新的强大力量。

11

肯特州立大学惨案开启了耶鲁法学院的另一场"六十年代式"危机。研究生、法学院和医学院学生刚刚几乎把五一节拱手让给耶鲁本科生,如今他们走在了前列。[336]法学院学生于周一晚间集合,他们愿为先锋,掀起全国学生抗议入侵柬埔寨的大罢课。据报,富布赖特(Fulbright)参议员"呼吁学生保持克制,以防参议院内的鸽派遭到反攻倒算"。反感"学生政治导师"的学生猛烈抨击了他。"这里没人知道国家的感受,那就让我们按照自己的良心行事一回吧。"另一位学生回应说。[337]罢课动议在表决中获得了239票支持、9票反对和12票弃权。[338]下一项动议呼吁教员们把他们所选课程的学分直接送给他们,不再要求他们参加期末考试。只有两名学生对这项动议投了反对票。[339]

虽然学生对"政治导师"缺乏兴趣,但是他们对于自己通过理性论证和自我克制来影响政治的能力却充满信心。他们宣称将"教育公众,并积极支持观点进步的候选人角逐国家公职",并表现出"非常关心……在国家顶尖法学院中采取行动对于公共意见的影响"。大部分学生都自信地以为他们的行动会登上报纸头版,以至于提醒《纽约时报》的记者注意"正确报道"。[340]

《纽约时报》根本没有报道学生们的行动,而教员们也对他们的呼声置若罔闻。在5月5日上午举行的另一次会议上,学生们转而提议修改秋季学期的校历,在中期选举前留出政治参与的时间。普林斯顿大学已经采纳了将开学推迟到11月选举之后的方案,布鲁斯特表示支持[341],而两位年轻的耶鲁教授拉里·西蒙(Larry Simon)和理查德·阿贝尔(Richard Abel)觉得法学院也该照办。[342]让会议组织者不高兴的是,会议"最初的情感力量大都"浪费在争论教授们所提的方案上,不仅争论本身不了了之,而且他们认为争论内容根本不重要。[343]

下午 3 点半,教师们开会讨论学生们关于 1970 年春季学期校历的动议。与会学生代表本人是仅有的两位反对不考试就给学分的学生之一,他预测说:"许多、或许绝大多数教员会反对这么办。这样一来,耶鲁法学院将再次陷入无穷无尽的师生争吵。而和师生齐心协力改变这个国家相比,争吵的内容都是次要的。"[344] 他说对了。

会议之初,波拉克请学生代表讲述他们的方案。一位代表告诉教授们有三个选项:"(1) 按期参加考试;(2) 暂缓考试,事后补考;(3) 证明自己已经基本完成了课程活动的要求,获得合格成绩。"学生们当然倾向第三个选项,而查尔斯·布莱克当即表示反对。这时,艾布拉姆·戈尔斯坦提出了一项显然事先与波拉克协调过的动议,旨在减轻"最近几周在纽黑文和其他地方发生的事件所造成的非常骚乱和混乱对于学生的影响"。对于本学期的讲授课程和研讨班,如果教授认为"根据已经提交的书面作业"来打分或者授予学分是"合理的",就无需举行期末考试或者要求提交课程论文;特别地,对于"适用该方案的[一年级]小组讨论课"而言,则"根据该组已经完成的课业"来评定成绩。在这个范围之内,教员们会帮助学生。"在所有其他情形下,虽然要求参加期末考试或提交课程论文,但是鼓励授课人在合理可能的范围内,灵活处理推迟考试或论文提交时间及修改考试安排的个人要求。"无论如何,学生们通常都应该在9月中旬完成调整后的课业。"三年级学生如果要推迟完成学位要求,可以要求推迟授予学位。"[345]

各方对于动议反应不一。毕克尔表示附议,但是希望强调此事属于特事特办。学生代表本·斯坦因(Ben Stein)呼吁教员们签署一份"支持学生"的声明。而托马斯·埃莫森则坚称:"我们过分拘泥于常规的学术程序了。[尼克松"入侵"柬埔寨]应当被视作全国危机,[法学院的教员们应当]愿意放弃常规。"讨论许久之后,埃莫森提议修改戈尔斯坦的动议,至少让三年级的学生可以在所有课程中以合格—不合格来计分。他的修正案被否决了。波拉克强调戈尔斯坦的动议至少反映了校方的政策,随即交付表决,只有两位教授投了反对票。[346]

教员们的动机并不清晰。[347]或许教授们担心,如果他们支持学生方案,不考试就给学分,可能会让三年级学生失去参加纽约州司法考试的资格。教员会议结束后一周,纽约州上诉法院作出判决,宣布法学院毕业生"除非按照学院先前做法,参加并通过了所修全部课程的可信考试",否则不得参加司法考试。只是在各法学院乞求法院重新考虑时,法院才略微软化立场,允许学院在没有先例的情况下组织带回家里完成的考试。[348]

正如戈尔斯坦所言,耶鲁和许多法学院不同,拒绝取消期末考试。"我们一如既往地宽容大度,所以允许学生改变考试时间,但是我们绝不会让我们的学生由于未经考试就通过课程而被纽约州律师协会拒绝录取,其他学生已经有过这种遭遇了……我们顶住他们的压力不让步,方才让他们免受拒录之苦。"[349]教授们可能也觉得,自从火灾以来,他们已经在和学生的斗争中重新占据了上风,也不应该再次屈服。不论他们的动机如何,学生们把这份决议理解成教员们对于"照常开张"的承诺。[350]

到了教员会议结束后的上午,几乎全部学生都返回了课堂。罢课彻底失败。即将毕业的学生会主席备感苦涩,他痛骂"学生和教员的伪善"。据他说:"学生们定下了目标,却在短短两天之后就不再遵守,这反映了他们学院声望的进一步跌落,还可能标志着学生传统上在这个国家政治体系中的改革者角色正逐渐消失。"[351]

当然,对于其他人来说,这一幕象征着学生们背离他们教授指为"极左"的政治、回归20世纪60年代中期的"改良主义政治"[352],并预示着"学生政治领袖"——比如将于当年秋天入学的比尔·克林顿——将占据主导地位。耶鲁法学院的学生仍然在努力反战。在5月的最后一个上课周,一些学生为此去华盛顿游说自己的议员[353],并偶然与毕克尔会师。[354]一位叫做玛丽·麦克格罗利(Mary McGrory)的记者大受感动,她报道说:"在国会山学习游说和平的成千上万名学生当中,耶鲁法学院学生游说团(Yale Law Students Lobby Group)走在前列。"在一次"外表光鲜"且"动力十足的行动"当中,多达40名学生混进了职权部门的办公楼,带头的学生后来毫不避讳地承认他们"无耻地……若无其事地提到大人物的名字,显得和他们很熟,以图影响他人"。可想而知,"参议员们听说伯克·马歇尔(Burke Marshall)、塞勒斯·万斯(Cyrus Vance)、保罗·沃恩克(Paul Warnke)或者爱德华·柏灵(Edward Burling,前任共和党财务长和科文顿·柏灵律师事务所的资深合伙人)也会接见他们,那么就算没时间见富兰克林(Franklin)和马歇尔(Marshall),也会留时间给耶鲁"。政客们"恭敬地"仔细阅读耶鲁学生写的基本情况介绍,"文末引用自托马斯·杰斐逊(Thomas Jefferson)以来关于国会对外政策权力的论述作结"。[355]

波拉克告诉校友们,他还有另一个关于复习考试期间的好消息要报告。危机的氛围已然"在很大程度上消解"了。并且,虽然教员们对于考试和课程论文的截止日期态度"灵活",但是"大部分学生其实按照先前的安排参加了考试并提交了论文;而且所有学生看来都理解法学院坚持遵守正常学术标准"。[356]

波拉克总结自己的院长生涯,指出了女生和少数族裔学生人数增加这一成绩,并呼吁关注学生参与教员治理的进展。他承认,有时似乎"师生间的争吵成为了主导模式",而且"高分贝喇叭、请愿、墙壁涂鸦、近乎不容商量的诉求、精心策划的道德作态,这一切都尽数用在一系列令人眼花缭乱的议题上:比如,评分制度、录取制度、纪律程序、教员决策的学生参与,以及教员们对警察暴行和越南战争的责任"。不过,在任期结束时,他再次强调所取得的进步,坚持说:到了五一节,"我们的绝大多数法学院学生"都证明了"他们有决心掌握法律,并以之作为增进民主秩序价值的工具"。[357]

12

  1970 年春天的事件结束了耶鲁学生的严重混乱。[358]布鲁斯特派一群人访问法学院并报告那里的情势,他们汇报说,平静突然降临。"信任危机和对基本价值的犹疑阶段看来正在过去。"[359]

  耶鲁法学院的新任院长同样认为:"教职员工的士气正在从 1969—1970 学年的困扰中恢复,学生也有好多年没这么认真过了。"[360]1971 年,戈尔斯坦对即将毕业的一届学生说,他认为学生们大概已经懂得只有自由派才一贯正确;激进派是错误的;

而他称作"黑暗岁月"或"黑暗年代"的时期已经结束。[361]戈尔斯坦说,耶鲁大学终归"不是更广大社会及其问题的缩影"。他告诉学生们,让学校就范并不能确保校外的社会照办。戈尔斯坦提醒学生们:他和他的同事与学生们分享许多的目标。他要求学生们思考:"大学里的人们是多么彻底地反对战争并希望战争尽早结束;压倒多数的教员和学生都想要更多的人身自由,在生活方式和政治方面的更多实验,以及我们生活许多方面的更激进改革;……而就在同时,无论从道德上还是情感上,更广大的社会又在多么强烈地抵制这些偏好。"他相信,"即使是学生中的行动派"如今也能够"更清醒地认识到问题的所在"。戈尔斯坦也告诉学生们,在年轻一代花时间长教训的过程中,他们疏远了很多教授。"在大学里,比在别处更明显,"戈尔斯坦说,"我们遭遇了所谓文化间的碰撞、对踯躅不行的猜疑,以及对动机的非难。"[362]

其他人对历史的解读则各不相同。对于某些学生来说,"六十年代"证明大学确实是社会的缩影。问题出在"六十年代自由主义"既无法解决社会问题,也无法解决校园问题,而且门开得不够大,那些有更好解决方案的人进不来。正如一位行动派后来所强调的,即便年轻一代没能实现特定的目标,议题本身也与从前大不相同。他们的运动并不仅仅是为了实现评分制改革之类的个人目标,而是"始终和发起运动的参与者的最深切认同'紧密相连'"。[363]

正因为如此,耶鲁法学院1970届、1971届和1972届的毕业生仍在——讽刺地、得意地并怀旧地——宣扬他们与"黑暗年代"或"黑暗岁月"的联系,即便他们中有人已经做公司律师很多年。[364]关于行动派是否浪费了时间的不同看法,也凸显了另一个"真理":在未来的岁月里,"六十年代"和耶鲁的"黑暗年代"将被划为争议地带。那个时代也并未结束。

火灾之后

1

20世纪70年代早期,由终身教授组成的法学院治理委员会拒绝让六位曾在"黑暗年代"就读于耶鲁的资浅教员晋升或转正。1970年,治理委员会否决了将助理教授约翰·格里菲斯晋升为非终身制副教授的动议。1972年,该会拒绝让罗伯特·哈迪克和大卫·楚贝克转为终身制。1973年末,该会拒绝晋升拉里·西蒙。之后不久,晋升委员会决定不将副教授理查德·阿贝尔转为终身制一事交付治理委员会表决。最后一位走人的是1974年的李·艾尔伯特(Lee Albert)。

假如耶鲁法学院和学校的其他机构一样受困于赤字激增，那么这些决定或许还能从财政的角度来解释。可是，虽然学校的预算确实有些问题，但是法学院却并没有参与耶鲁校方的裁员计划。[365]"事实上，我们'出手'比学校其他任何机构都要慷慨。"戈尔斯坦院长承认。[366]在他和其他人看来，20世纪70年代之初拒绝晋升那六位资浅教员的决定毫无异样之处。[367]"我觉得我们并没有根据政治来行事。"戈尔斯坦坚称。[368]支持他的解释的人会指出这样一个事实：并非所有被解雇的教授都认同左派。并且，在这一时期，并非所有资浅教员都被拒绝转为终身制。在1970年底和1972年，约翰·伊利（John Ely）、阿瑟·列夫（Arthur Leff）和迈克尔·瑞斯曼（Michael Reisman）都在本院获得了晋升。[369]

那些认为不给六位资浅教员转正并无不妥的人，还有进一步的理由：投票决定是否授予终身教职的委员当中有许多"（尤）金子弟"，他们于20世纪50年代初到耶鲁时，刚刚发生过一次未获晋升及转正的情况——沃恩·康特里曼（Vern Countryman）未能晋升为教授、大卫·哈伯（David Haber）未能晋升为副教授。[370]据称，资深教授会因此认为终身教职并不是必然要给的。他们当年也没有获得过转为终身制的保证，虽然治理委员会曾经采取极不寻常的步骤,一鼓作气地晋升了十一位"(尤)金子弟"——包括毕克尔、两位戈尔斯坦和哈里·威灵顿。[371]

再说,既然资深教员们能够帮助那些他们拒绝留下的年轻人另谋高就,他们就有理由认为:坚持学术优异的"绝对标准"并无不当,何况当年这套标准也被用来衡量他们自己。[372]尤金·罗斯托后来解释道:哈佛法学院通常在聘用三年后自动转为终身制,而耶鲁不同,它要求终身教职的申请人必须写些像样的东西。"我们通常会让新人在资浅岗位待5年、6年甚至7年。之后,候选人已发表的学术作品应该能够充分表明他有'学术优异'的希望,除非我们确信这一点,否则不会晋升他。这应该是、我认为也确实是耶鲁法学院任命终身教员的唯一标准。"[373]

罗斯托所回应的是一张统计表,那上面写道:在他任上曾被考虑晋升的所有人,以及波拉克任上的绝大多数人,都获得了晋升,到了戈尔斯坦任上却风格突变。他解释道:在20世纪50年代和60年代,一些资浅教员察觉晋升无望后,不等学院考虑是否晋升他们就自行离职了。罗斯托补充说,就在他上任的前一年,"我们还为两位教授的晋升……吵得鸡飞狗跳"。[374]

关于耶鲁在20世纪70年代初让六个人走人的理由,罗斯托和戈尔斯坦自有解释。但是有人不同意,他们坚称,70年代初见证了耶鲁的第二次"滥杀无辜"。[375]他们认为这一轮解聘是第一次屠杀的后续:50年代的麦卡锡时期,康特利曼和哈伯被指责在政治上左倾。[376]对于他们而言,教员们在1970年到1974年间对六人的处理反映出规则和标准的不公正改变。

不论如何理解,那六项决定确有异常之处。它们和预期不符。波拉克曾用标志性的风趣口吻略带自嘲地解释说,50年代否决大卫·哈伯的表决"从表面上看"是基于这样一个判断:他的作品不配获得晋升。"不过,我的一位最资深、最受尊重的同事曾经告诉我说,如果按照几年后适用于我这拨教员的成果标准来衡量大卫,他毫无疑问会获得晋升。所以我们小字辈要自己决定何去何从。"[377]

无疑,"高质量"是个模糊且带有偶然性的词语。即便如此,年轻的法学院教授获聘后——特别是他们翻阅旧例,看到罗斯托聘用的所有人只要获得管理委员会考虑就都能获得终身教职,哪怕晋升前后发表作品极少都不要紧——本来期待会获得终身聘用:有的"小字辈"确实自行决定了去留。(如罗斯托所言,一些资浅教员显然察觉到晋升无望,于是在委员会投票决定是否晋升他们之前就离开了。[378])"如果我们不能提供终身教职的预期,我们就注定无法指望把最优秀的年轻法律工作者吸引到法学教育中来。"波拉克强调说。[379]

那么终身教职的预期为何缩水了?早在波拉克任上,资深教员们就开始为标准问题而担忧。他们会愿意20世纪60年代的评分制之争在1970年代转战教授晋升问题吗?在评分制之争中,他们曾经反对在第一学期结束后采取合格—不合格评分制。他们是不是把终身制的评定方法从"合格—不合格",也即几乎所有人都合格,改成了只给获得"荣誉"成绩的人终身教职?如果答案是肯定的,那么,当他们决定给予或拒绝给予"荣誉"时,有什么因素进入了决策?"学术优异的希望"真的是唯一的标准,并且获得了统一适用吗?

1970年到1974年间拒绝给予格里菲斯、哈迪克、楚贝克、西蒙、阿贝尔和艾尔伯特终身职位的决定,是否构成"清除异己"?[380]在通常政治意义上并非如此:没有任何一项决定包含了激进的政治因素。也没有证据表明存在开掉这六个人的共谋。但是,我们是否可以说:连锁端式的解聘并不只是巧合?格里菲斯坚称:这件事"是一家机构所进行的结构性解雇,它所针对的人是一个整体,而不是互不相干的几宗个案偶然凑到了一块儿"。[381]

拒绝晋升与"黑暗年代"有无关联？终身教授们除掉他们的年轻同事，是不是因为他们认为年轻一辈在20世纪60年代末对"打上门来的野蛮人"过于宽容？[382]终身教授们那么做，是不是因为受不了年轻一代（他们解聘的大部分人都比学生大不了多少）目睹他们在面对"六十年代"学生时努力摆脱焦虑而不得的样子？资深教授是不是把他们的年轻一辈当成了"六十年代"学生"野蛮人"的替身？查尔斯·莱克就这么认为："他们很生气，他们被吓到了，他们感到了威胁。"他谈起"六十年代"之后治理委员会的同事时说。在他看来，与学生开战的经历"扭曲了他们的判断"，使得他们无法对候选之人加以区分，而他们本该能够做到这一点。[383]大卫·楚贝克补充说，虽然他和其他被赶走的人支持黑暗年代学生的程度不同，但是他们可能大都比终身教授们更同情学生，那些人中有许多"对学生的敌意大到不可思议"。在他看来，他和他的难友们"困在"了长幼之间的"一场巨大的文化碰撞之中"。他推测道，资深教员们因为无法"开除学生"，所以开除了资浅教员。[384]理查德·阿贝尔也是这样看，他认为这样的处置"是为了安抚教员中的一派人，他们认为20世纪60年代的态度和风格威胁到了学院的特质"。[385]

教员们的一些举措确实不同寻常。比如，阿贝尔面临表决时已经著述极丰,以至于治理委员会被提醒说:鉴于阿贝尔的"著作甚多,建议尽早开始审读"。[386]他的作品不合于司法学说分析的主流,而是属于新兴的法律与社会(Law and Society)领域的研究。教员们聘用他的原因恰恰是为了加强这一领域。[387]在"黑暗年代",阿贝尔也坚定而强烈地支持学生一边,比如赞成通过决议支持国家反战行动日。[388]他的头发和胡子都很长。治理委员会的某些成员记得,戈尔斯坦"反感"或者不喜欢他,至少有一位成员是这么说的。[389]阿贝尔也和他的同事来往不多。他不按耶鲁的规矩出牌。他想帮助他的妻子照看小孩,而且还说:"我对于疏远资深教员感到骄傲。我跟他们穿衣服的风格不同(我也不想穿成他们那样),也没法像他们那样找乐子。"[390]阿贝尔晋升一事甚至没有获得委员会同意。治理委员会根本没有举行表决。[391]

和阿贝尔相反,在五位被考虑授予终身教职的年轻人中,拉里·西蒙一事更接近成功。西蒙在耶鲁法学院求学时就给他的教授们留下了深刻印象。[392]他先后担任爱德华·温菲尔德(Edward Weinfeld)和厄尔·沃伦的助理,之后于1968年回到耶鲁法学院任教,并投身到种族与教育问题的研究之中。他虽然对师生冲突涉足不多,但是在非洲裔美国人及白人学生行动派和纽黑文黑人社区中间,他做了大量工作来维护法学院的声誉。他参加了一个行动小组,在纽黑文各处举行听证,并制订计划来确保社区对学校的控制。他担任了耶鲁暑期高中(Yale's Summer High School)的负责人,这是一个跃升(Upward Bound)项目,旨在利用暑期时间,为穷困的有色人种学生提供一段紧凑的大学预科体验。西蒙亲力亲为,走遍全国,亲手挑选了约120位学生。他认为暑期高中"可能是我做过的最棒的事情",并且骄傲地把授课人名册指给我看,那些授课人都非常杰出,其中还包括一位未来的耶鲁校长——A. 巴丽特·贾马迪(A. Bartlett Giamatti)。然而,就像参加公共教育听证一样,暑期高中也颇费时间。他的资深同事们鼓励他承担这份义务。"虽然我在种族问题上的看法相当强硬,但我并没有当纠察员,"他强调说,"我在用自己的行动来帮助这座法学院。"[393]

西蒙是位受欢迎的老师[394],他的"终身教职资格论文"写的是何种学校筹款制度既符合法律,又在政治上可行,这也完全合于自由派现实主义的传统。[395]许多人认为文章很出色,但是文章篇幅不长,而且直到最后一刻才刊出。此外,有人记得西蒙曾说再也不想发表任何东西了。[396]而包括西蒙本人在内的其他人则予以否认,认为他——乃至任何寻求晋升的人在那个关头——都不会说那么愚蠢的话。[397]其实,西蒙所做的一切都表明,他想从学校筹款转向城市法。[398]但是无论他的计划是什么,西蒙提交给教员们的发表作品都偏少。这样看来,他的事情应该会最先被否决。然而奇怪的是,让他走人的决定作出得反而最为艰难。西蒙几乎取得了成功:他只比晋升所需的2/3多数少了一票。[399]学院决定推迟决定他的去留[400],戈尔斯坦也为他提供了一份两年的合同。但是,西蒙对于是否发表已经写好的作品感到犹豫,他因此没有把握能否在两年内满足他的同事的要求,特别是毕克尔已经告诉他:虽然他的学校筹款论文目前来看非常好,但是他现在必须写出"思想性强"的宪法作品。西蒙收到了南加州大学的聘请,于是应聘而去。[401]

约翰·格里菲斯为什么没能晋升为副教授?通常来说,候选人只要鼻孔还能出气,就可以成为耶鲁法学院的副教授——而格里菲斯的成就比这要大得多。1960年时,学院仅仅对是否将某人从助理教授提升为副教授表示犹豫,就掀起了一波大纷争。[402]和西蒙一样,格里菲斯也与学生行动派有联系。其中,他设置了义务兵役制研讨班,这可能是美国法学院里首次开设这方面的课程[403],推动了一个新的法律部门的产生。[404]1968年,格里菲斯还就征兵法写了一本广为传诵的小册子。[405]格里菲斯认为,在他任教耶鲁时,法律与社会研究是"智识刺激"的唯一"来源"[406],他曾经和一个学生短暂涉足那个领域,通过实证表明:虽然他们力劝抗议征兵的人在遭到联邦调查局盘问时闭口不言,但这些人总会放弃请律师的权利并如实招供。[407]格里菲斯觉得,他的同事中有很多和他一样反战,他们不会介意自己与学生合作,甚至会支持他这么做。[408]但是,格里菲斯曾与阿贝尔一道支持国家反战行动日[409],他还记得自己曾明白表示:他认为尤金·罗斯托是个战争罪犯。[410]格里菲斯文集中还包括两篇论文[411],一篇批评性颇强[412],谴责的是当时美国的自由派意识形态,特别是斯坦福学者赫伯特·派克(Herbert Packer)的作品——这人与一些"(尤)金子弟"过从甚密,若干年前教员们还曾向他发出终身教职邀请。[413]对格里菲斯更糟糕的是,派克不久前曾严重中风,而这位斯坦福教务长将责任怪罪到了学生激进分子的诉求上。[414]派克告诉毕克尔、艾比·戈尔斯坦和他在耶鲁的其他朋友说,他认为格里菲斯的口气"好斗蛮横并针对人身"。[415]虽然有人记得格里菲斯曾经在教学时遇到麻烦,但是如果认为他的麻烦大到足以导致晋升副教授未果,那未免太夸张了,特别是罗斯托曾说过:教学只是第二位的。况且记录表明:有的学生认为格里菲斯在教室里表现优异。[416]那么,教员们的举措是否反映了他们不喜欢格里菲斯,而不是对于他学术水平的态度?

这些个案凸显出当时教员们的晋升"标准"很难准确界定。为什么教员们会觉得阿贝尔如此无望,以致表决都成为多余?格里菲斯为何没有获得惯常的晋升?为什么西蒙距离终身教职最近?是因为"(尤)金"子弟认为他及他的作品和自己最像吗?还是因为他们认为自己先前已经含蓄地承诺给他终身教职?西蒙认为这个承诺确实存在。"我觉得他们违背了协议。"他回忆说。在他看来,所有人都知道他在《杂志》发表的论文很棒,而"我也做了"他的同事要求的"所有事情"。他们肯定理解他用于发表的时间比较少。[417]看来,"六十年代"在这里同样投下了长长的阴影。圭多·卡拉布雷西就这样认为。在他看来,那个时代给一些"前途异常远大"的年轻学者"造成了创伤",阻碍了他们在教学和著述中最大限度发挥自己的潜质。"事实上,对于任何人来说,在那个时代想做任何事都极其困难。"[418]

无论教员们决策的理由是什么,都在教员队伍里造成了空洞。教员们让格里菲斯、楚贝克和阿贝尔走人,他们都是法律与社会运动的代表,而该运动本身就是 20 世纪 60 年代的产物。这表明,教员们在重组队伍时,无意专注于单一方向。到 20 世纪 80 年代,在职教授中认同法律与社会运动的主要是斯坦顿·维勒(Stanton Wheeler)。耶鲁的终身教员们对社会学背过了身去。

2

批判法学的遭遇与此相仿佛。在 20 世纪 70 年代后期直到 80 年代中期,批判法学都和法律与经济学并列为法理学最重要的两大发展。[419]然而,耶鲁对批判法学几无热情。耶鲁的教授们不仅将批判法学看成是"炒法律现实主义的冷饭",而且可能还把它当做"黑暗年代"的产物。

他们怎么可能不这么看呢?诚然,如果没有哈佛,批判法学就不可能产生。到 1977 年,邓肯·肯尼迪、莫顿·霍维茨(Morton Horwitz)和罗伯托·昂格尔(Roberto Unger)都成为了哈佛的教授;他们的学生则作为普通一兵,担起运动的重任。然而,"六十年代"和纽黑文为批判法学提供了更为深厚的土壤。邓肯·肯尼迪把批判法学者说成"由'六十年代'遗民和对[20世纪60年代]大事抱有怀旧情绪的年轻人所组成的暴民团伙"。[420]他们中有许多相识于耶鲁。以1976年的第一届批判法学组委会为例。在9位委员——阿贝尔、楚贝克、邓肯·肯尼迪、兰德·罗森布拉特(Rand Rosenblatt)、马克·塔什奈特、罗伯托·昂格尔、托马斯·海勒(Thomas Heller)、莫顿·霍维茨和斯图尔特·麦考利(Stewart Macaulay)——之中,有7位与"六十年代"的耶鲁联系紧密。肯尼迪、罗森布拉特和塔什奈特是1970届和1971届的毕业生;阿贝尔和楚贝克曾在耶鲁任教,楚贝克还曾主持法律与现代化项目(Program in Law and Modernization);昂格尔和法律与现代化项目有关,而且在楚贝克任教期间曾受邀访问耶鲁[421];海勒于1968年从耶鲁毕业后即担任该项目的研究员。[422]

耶鲁还以另一种方式在批判法学的创立过程中扮演重要角色。法学院的教授们认为,晚近历史上最重要的法理学运动是法律现实主义,这一运动在20世纪20年代晚期到30年代曾短暂居于统治地位。而批判法学刻意将法律现实主义奉为始祖,且比法律与社会运动更加招摇。邓肯·肯尼迪坚称,批判法学"最应被理解为美国法律现实主义的扩展和发展"。[423]

而耶鲁一面宣扬其与现实主义的联结,一面却又因为所谓的不容忍批判法学而闻名。许多人觉得耶鲁对批判法学充满蔑视和反感,尽管正是耶鲁的现实主义和"黑暗年代"造就了这个运动。耶鲁并非个例;除了哈佛,精英法学院中只有斯坦福让批判法学者获得了显著地位。不过,从历史上看,耶鲁对批判法学怀有敌意的看法值得商榷。[424]

不过,邓肯·肯尼迪这位未来批判法学的明星,一毕业就受邀在耶鲁担任助理教授。这可能意味着耶鲁希望激进派存在。而教员们邀请肯尼迪加入也是迫不得已。他过往的经历非常优秀,如果拒绝邀请他,就证明耶鲁不仅关注思想水准,而且在乎政治。[425]于是学院努力争取肯尼迪加盟——虽然有多达1/4的教员投票反对任命他,这很不寻常。[426]肯尼迪记得,他拒绝耶鲁的原因是重视哈佛的影响,他认为,如果他能够在坎布里奇——法律过程思想的"守旧大本营"——为左翼法学建立一个避风港,批判法学就可以遍地开花。[427]

还有一些批判法学者及其盟友在20世纪70年代末和80年代初收到了耶鲁的邀请。1978年,耶鲁法学院的毕业生玛莎·米诺(Martha Minow)受邀担任助理教授。[428]和肯尼迪一样,她拒绝邀请并去了哈佛,在那里成为了"批判法学的同路人"。[429]不过在耶鲁邀请她的时候,她看上去像个普通的自由派。[430]她的一位老师曾举荐她为另一所法学院院长的"绝佳"人选,并说她在批判法学中占据了特殊的地位:"[她]虽然和哈佛的'左派'来往(那里的每个人都必须和其中一派来往),但是一直努力实现学院的团结,那些与另一派来往的年轻人也非常尊重她。"[431]批判法学的另一位盟友威廉·费舍尔(William Fisher)在哈佛获得了法律博士(J.D.)和哲学博士(Ph.D.)学位,他选择留在哈佛。[432]批判法学的另一位同路人保罗·布莱斯特(Paul Brest)也同样如此,他于1982年拒绝了耶鲁的正教授职位邀请,留在了斯坦福。[433]20世纪80年代初,耶鲁开始力邀布莱斯特的同事罗伯特·哥顿加盟,而他当时仍在为批判法学者受到迫害而不悦,并决定和布莱斯特一样暂时不挪地方。[434]既然如此之多的运动同情者对耶鲁法学院的甜言蜜语无感,还应该指责耶鲁敌视批判法学吗?[435]

总体而言,这些工作邀请确实表明:对于批判法学,耶鲁要比外间认为的更持欢迎态度。但是这说明不了太多。一个广为流传的故事是:哈里·威灵顿院长抗议说,他的教员都没有被邀请参加第一届批判法学研讨会(Conference on Critical Legal Studies);而他收到回复,得知他的教授遭到排斥的原因并非不够聪明,而是不够进步后,他满意地撤回了抗议。[436]

我们如何解释耶鲁对于一个自己负有部分责任的运动却不友好?要从批判法学的主旨入手。这一主旨实在太熟悉、也太有威胁性了。

当批判法学于20世纪70年代末出现时,哈佛正处在易受攻击的状态。20世纪50年代和60年代的重要法律学者们正在退休。也是在哈佛,批判法学者找到了理想的土壤。他们背叛哈佛的精英主义,反对哈佛所拥护的过程理论,这让运动既获得了力量又获得了知名度。批判法学的主题在坎布里奇引人注目的另一个原因,在于哈佛于30年代拒斥了现实主义,此后也相对未受现实主义的影响。[437]

批判法学者谈论法律的不确定性,宣称"即使按照它自己的标准,法律推理都无法'客观'地解决问题;它也无法解释法律系统的运作和法官如何断案"。[438]而老派的耶鲁现实主义者反问:"那又如何?",这与哈佛正好相反。圭多·卡拉布雷西在谈到阿瑟·科宾(Arthur Corbin)时说:"批判法学丝毫都不会让他感到意外或棘手(虽然他在政治上很保守)。"这有些言过其实了。[439]事实上,科宾曾哀叹说现实主义者是危险的改革派。[440]卡拉布雷西对保罗·卡灵顿说,批判法学者不可能比格兰特·吉尔莫或者阿瑟·列夫[441]更加虚无主义(我倒怀疑批判法学者到底是不是虚无主义的)[442],这倒是一语中的。批判法学者的一些著述可能会让耶鲁法学院的教授们想起本院卫斯理·斯特格斯(Wesley Sturges)或沃尔特·维勒·库克(Walter Wheeler Cook)的作品。卡拉布雷西曾对一位同事称,那种认为批判法学者对于法律体系提出了新问题的看法,"不仅不正确,而且缺乏历史眼光"。他坚持认为:"哈佛法学院里不同意批判法学的人很愚蠢,他们让批判法学占领了'质疑根本假设'的阵地,以至于那所伟大学院的毕业生们以为肯尼迪和其他人当真是恐龙蛋的发现者,而不知道这枚蛋以前已经被发现过无数次了。"[443]

在另一个场合,卡拉布雷西说得更具体:"我一直认为,批判法学能够占领哈佛,却占领不了耶鲁,原因就在于我们和哈佛不同,纽黑文与现实主义传统的联系一直很紧密,现在仍然很紧密。打个不恰当的比方——因为有些贬义:种过牛痘就不会得天花。"[444]卡拉布雷西的口气虽然合缓了些,但是像极了哈佛法学院院长罗斯科·庞德(Roscoe Pound)在20世纪30年代说起现实主义者时的口吻。为什么要把原创性算到年轻一辈、而不是他们的父辈头上？何必小题大做？所以，当有人宣称批判法学者是虚无主义者、应该离开法学界时，卡拉布雷西和耶鲁法学院的其他杰出教授为批判法学者辩护[445]——但是并没有聘用他们。

因为，批判法学的主旨也具有威胁性：它坚持法律即政治。这也是因为，大部分批判法学者确乎比现实主义者更进一步，关注法律的相对自治性，并且证明法律掩盖了一切决策者的价值体系，而不仅限于法官个人，那才是现实主义者的焦点所在。[446]这还是因为，批判法学对于权利的批评，彰显了沃伦法院创造的权利意识所带来的危险。这同样是因为批判法学者喜欢"捣毁"法律文本。[447]在运动最初的几年，许多批判法学者的论述——比如邓肯·肯尼迪的"耶鲁法学院是如何倒掉的"一文——肯定让耶鲁的教员们想起了那些在"六十年代"让他们日子难过的学生。

批判法学的威胁性还在于，人们觉得批判法学意味着冲突：有人强调说，耶鲁的教员们之所以要避开批判法学，是因为担心耶鲁会被批判法学变成哈佛那样的战场。[448]虽然其他学校的批判法学飞地并没有成为战区，然而一如既往，只有哈佛才要紧。虽然凯瑟琳·麦金农（Catharine MacKinnon）本人并不属于批判法学运动，但是在耶鲁关于她的任命的争论当中，却飘荡着批判法学的庞大幽灵。教授们告诉媒体：这次任命"在政治上的弦外之音"，让他们想起了"围绕批判法学、在哈佛法学院发生的……公开战争。"[449]再一次地，我们看到了"六十年代"的幽灵。熬过一场内战之后，耶鲁法学院的教员们无意重启战端。对于耶鲁而言，批判法学代表着那条当年摒弃的道路。

尾声：
胜利？

1

选择哪一条道路意义重大,因为耶鲁法学院面临重建。六位没有获得终身教职的教员离开了,一些老的教员也接二连三退休。[450]还有一些人也离开了。毕克尔过早去世;波拉克、萨默斯、莱克和罗纳德·德沃金(Ronald Dworkin)也都辞别而去。1975年,当哈里·威灵顿从艾比·戈尔斯坦手中接过院长一职,他领导的队伍减员严重。之后的十年里,威灵顿聘用了大约三十位教授[451],开启了当代耶鲁法学院的建设历程。

在威灵顿任上,耶鲁转而直接授予终身教职;由于教员们变得更加谨慎,有时先请聘任对象担任访问教授。一位年轻人如果去了哈佛或者其他地方,就几乎一定会获得晋升,那么他何必要到耶鲁来冒险呢?[452]为此,学院招聘时倾向于从其他学校平调。只有少数例外:比如,葛维宝对媒体说,他在回校任教前非常谨慎地考虑了20世纪70年代之初的"屠杀故事",而尚未获得终身教职的候选人总是问起这些故事。[453]

新任教员不但拥有法律学位,往往还拥有各专业的博士学位。戈尔斯坦对交叉学科研究很有热情,他聘任了三位在各自学术领域拥有哲学博士学位的教员。[454]这一趋势在威灵顿任上加速发展。六位拥有经济学、历史学、哲学博士学位或正在修读博士学位的法学院毕业生加入了教员队伍。[455]这样一来,学院拥有的法律博士/哲学博士数量达到了临界点。

耶鲁之所以能够吸引到那些拥有其他学科博士学位的人,是因为人文社科领域的就业前景十分暗淡,而法学教育领域的就业前景十分光明。许多本来选择成为人文工作者或者社科工作者的人只能哪有工作就去哪。[456]20世纪70年代,耶鲁法学院和其他法学院的"生意"都发展迅速;多达3682名学生申请成为耶鲁法学院1981届的一员,其中只有329人获得录取。在175名注册新生之中,38人拥有文科硕士(M. A.)学位,而拥有哲学博士学位的人几乎占到10%。[457]

而耶鲁之所以希望聘用有博士学位的人,是因为在威灵顿看来,1970年代的法学教授越来越多地谈论阿瑟·列夫所说的"法律与其他(law and)"。[458]法律与经济学已然令交叉学科研究变得既可观又时兴。所以耶鲁当然意欲引领时尚。法学院既下了避免冲突的决心,又决意走在前沿,那么交叉学科研究或许可以让事情变得简单。如果聘用人文学者和社科学者可以让他们为找到饭碗而千恩万谢,那你干嘛还要聘用批判法学者呢?

当教授们向其他学科拓展时,他们特别关注经济学。1974年,法律经济学的大势已很明显,戈尔斯坦指出,"教员队伍中对经济学感兴趣的群体引人注目",他们包括:布鲁斯·阿克曼(Bruce Ackerman)、罗伯特·鲍克、沃德·鲍曼(Ward Bowman)、圭多·卡拉布雷西、马文·吉利尔斯坦、埃尔文·克列沃里克(Alvin Klevorick)和拉尔夫·温特。[459]"在这个世界上,没有哪个法学院比耶鲁对法律与经济学的研究更系统。"威灵顿宣称。[460]他的话有些夸大。芝加哥大学法学院做得更多,不过耶鲁的法律经济学研究进路更丰富,通常也更进步。

于是,耶鲁法学院中产生了一种特殊的氛围。拒绝授予终身教职的事件不仅让学界新人对耶鲁望而却步,还意味着法学院对社会学的幻灭,并促使学院给法律与经济学打上了政治自由派的烙印,将自身置于法学界的中间派—自由派主流地位。而且和芝加哥不同的是,耶鲁并没有把所有鸡蛋都放到法律与经济学这一个篮子里。它还对历史和哲学感兴趣,尽管兴趣小些。重建的耶鲁法学院坚定地走学术道路——把哲学博士和其他学生培养成法学教授和关心政策的人——并将20世纪30年代的交叉学科研究推向新的高度。事实上,耶鲁是学界交叉学科研究的桥头堡。"我们教学的内容,"威灵顿骄傲地说,"主要由教员们的学术兴趣所主宰。这种课程方式恰恰成就了耶鲁:美国最理论、最以学术为导向的法学院。"[461]有时这让威林顿感到不安。作为院长,他为"文化二元"现象而忧心:赶时髦的年轻交叉学科研究者与律师协会之间渐行渐远。[462]

就算这是个问题,也不过是法学院问题当中最小的一个而已。尽管威灵顿在第一个任期就聘用了15位教员[463],尽管他坚持认为自己请来的是当时最优秀的一群年轻学者,并且和罗斯托聘用的教员一样好[464],然而时势维艰。自20世纪30年代以来,耶鲁一直位列哈佛之后,为第二名的地位而骄傲,为过去的历史而自豪,并得意于充当哈佛的现实主义、小规模且别具特色的替代之选——即便是在学生们怀疑耶鲁到底配不配得上这些的时候。到卡拉布雷西于1985年接替威灵顿担任院长之时，布鲁斯·阿克曼、罗宾·鲍克(Robin Bork)和马文·吉利尔斯坦都离开了学院。阿特·列夫(Art Leff)已经去世。正教授工资的中位数低于哈佛、斯坦福、哥伦比亚、纽约大学和宾夕法尼亚大学的同等职位。[465]法学楼陷入了灾难。流浪者睡在通向宿舍地下室的台阶下，以及地下室的设备通道中。[466]耶鲁没有为公益律师设置贷款免除项目，而它的竞争对手有。自20世纪30年代以来，伍德布里奇厅一直将法学院当成摇钱树，导致校友几乎没有动力去作大额捐赠。并且，虽然威灵顿在当时已算得上杰出的筹款人[467]，但是70年代不是拉钱的好时候。1981年，《国家法杂志》(*National Law Journal*)首页刊文，质问"耶鲁法学院失去生机了吗"，引发了校友关切，大量信件涌来。关于某人拒绝工作邀请、某人即将离职和学生不满的谣言满天飞。"这里正在崩溃。"一位行将离开的毕业生告诉记者说。[468]

2

然而,卡拉布雷西集合了哈钦斯的魅力、克拉克的坚韧和罗斯托的自尊,他没有被艰难险阻所吓倒。他上任之初就宣称:"耶鲁既让人有机会认真对待法学思想,又继续影响世界,这样的法学院独一无二。"[469]一位坎布里奇的朋友问:你怎么评论哈佛呢?卡拉布雷西丝毫不感到尴尬,他坚持道:"仅靠个人是不够的——规模和师生比也很重要——我认为我们确实有优势。"[470]他这是在说大话。正如他的副院长史蒂芬·延德尔(Stephen Yandle)所言,卡拉布雷西使出障眼术,粉饰太平,直到所有问题都被解决掉。[471]其实,皇帝的新装已经脏旧不堪了。

缺的是钱。卡拉布雷西和延德尔通过谈判,使得学院财务在之后三年独立于学校,捐款随之飙升。这令所有设想——从改善贷款免除项目,到提高工资,到请回阿克曼,到翻新法学楼——都有了实现的可能。这下耶鲁可以拥抱"说是"的文化了。

"说是"的文化也扩张到学生之中。卡拉布雷西驯服了六十年代的精神。他当政期间,学生行动派再次席卷了大学,而哈佛法学院正围绕法学界的多样性问题激烈争论,这让那里平添了几许敌对气氛。[472]然而,和前任当局及哈佛法学院不同,卡拉布雷西当局看上去反而为多样性的诉求而欣喜。1989年,学生举行一日罢课,抗议教员队伍中缺少女性和少数族裔,而延德尔谈起此事时称:"我很难想象如今还有谁没被影响。"他还把罢课说成一次"棒极了的成功"。[473]在一封致学院友人和校友的信件中,卡拉布雷西称赞了"学生行动派的再度觉醒"和"公益辩论的再度勃兴",同时也借机强化法学院作为一个共同体的形象。"人们激情高涨,"他这样描述罢课事件,"而到了毕业生晚宴上,毕业年级给为学院付出最多的学生授奖,你肯定猜不到,一位最投入、最咄咄逼人的罢课领袖,和罢课的一位最坚决、最有思想的反对者,竟然一齐被他们的同级学友选了出来(而且两位都获得了全体起立鼓掌)。"[474]

鼓励"学生对学院的爱"[475],并利用一切场合提示友好辩论和温和自由主义的必要性,看来都是院长的使命。一次,耶鲁的《法律与解放杂志》(*Journal of Law and Liberation*)邀请伊斯兰国家组织(Nation of Islam)全国发言人阿卜杜勒·阿利姆·穆罕默德(Abdul Alim Muhammed)就黑人社区的禁毒之战发表演说,而卡拉布雷西加入了由两百人组成的纠察线,抗议穆罕穆德的反犹立场,并手举标语牌,上书"种族主义是垃圾,无论谁说都一样"。[476]他以一贯的风格,把发言变成了教育的场合。他致信耶鲁法学院共同体说:"身为院长,我要说的是……该提醒你们所有人:本院和本校的校规保障一切接受恰当团体邀请的来访者享有完全的言论自由。"[477]他还作为耶鲁法学院共同体的"一员"另写一信,认为邀请穆罕穆德是"一个可怕的错误",末了却总结说:

> 然而,除了谴责邀请者的偏执,我还能对邀请这么个……[人]的团体有什么看法呢?我能不能说他们不该和我身在同一个共同体之中,他们不可以做我的朋友?不,我谴责他们的错误——他们缺乏同情和敏感,他们支持偏

执而不自知——但我仍然要拥抱他们。还有,我对那些不会再和发出邀请的团体来往的人有什么看法呢?我会排斥他们吗?不会。我同样会在抨击他们的错误——他们只关注自己情有可原的伤痛,他们对他人的急需之务缺乏理解——之后拥抱他们……我祈愿:在这片脆弱而珍贵的领地上,每一个人都能试着去理解人们在这个问题上的见解为何如此根深蒂固、又如此不同,并希望有朝一日,这一事件给各方带来的创伤会愈合,甚至从这些创伤之中,我们都能学到一些有益的东西,关于这座学院里所有兄弟姐妹的需要、脆弱和关乎根本人性的东西。[478]

穆罕默德的访问甫一落幕,院长就到场抚平创伤。"想想看:抖机灵的问题、刺人的话语,比起轻声慢语地和朋友,甚至相见甚欢的陌生人交谈,以免朋友间互相伤害,眼下究竟哪种方式更好?"他规诫法学院的共同体说,"考虑一下:沉默、微笑乃至拥抱,都比你们人人熟练掌握的分析和法庭技艺要雄辩得多。"[479]在后继的精英法学院管理者当中,只有人称"拥抱院长"的约翰·塞克斯顿(John Sexton)所拥有的"夸张热情和推销技艺"堪与卡拉布雷西比肩。[480]

卡拉布雷西关注演讲者的权利,他摆出欢迎异见的样子,从不对批评过度敏感,并且貌似欢迎来自学生(学生的每一封短信都会得到他的回复,而短信最后经常感谢他作为院长允许学生发泄)、校友和外人的批评——无论是抱怨耶鲁背叛历史、背离法律和社会科学[481],还是抱怨它屈服于政治正确的压力[482]——这些都促进了团结。("当我收到批评信时,"卡拉布雷西曾对耶鲁当局的一位官员说,"我总是通过电话来回复。我发现这样几乎不费时间,而且几乎总会惊到通话对象。他们本以为会收到一封'例行公事'的回信。他们虽然只在某些时候会被我的正确立场说服,但在放下电话时总是觉得又受抬举又开心。")[483]他还亲自安抚人们的失望。威灵顿担任院长时,曾经为全体校友子女设置了"正式偏袒",因为"我们实在要依赖我们的校友才能维持财务健康"。[484]而他的继任者花费许多时间,与失望的耶鲁法学院校友和他们的子女交谈,讨论其他选项,并提醒孩子们:如果他们在别处表现优异,还有机会转学到耶鲁来。[485]同样重要的是,他致电许多人,就是为了博人一乐。[486]他无处不在。

卡拉布雷西喜欢把耶鲁法学院看成一座"村庄"[487],"在这里,歌手可以歌唱,舞者可以跳舞,卓越得以彰显,体面和人道不被忘怀;这里激动人心、令人热爱"。[488]作为他把"温暖和爱"撒满思特灵法学楼的活动之一,他恢复了儿童节日聚会(Children's Holiday Party)的传统,那本是波拉克为教员、学生和职工的子女所创设的。扮演圣诞老人的教授时有不同;卡拉布雷西身着绿色紧身衣,脚穿尖头鞋,历来扮演圣诞老人的小精灵。[489]一位学生直率地把卡拉布雷西的治院风格说成"某种触摸疗法——也就是法学院中的'让我们互相拥抱'法"。[490]而院长将这种情感归因于他的政治判断:"和大多数——虽然不是全部——自由派一样,我更愿意努力看到人们最好(做个爱人的人)而不是最差(做个恨人的人)的一面。"他说。[491]正如那位学生所承认的,这招奏效了。[492]

有了卡拉布雷西掌舵,法学院的金库爆满,千禧年也仿佛要提前到来。就在此时,《美国新闻和世界报道》(*U. S. News & World Report*)的排名发生了变化。1987年首次公布排名时,哈佛和耶鲁并列第一。[493]但是,到1990年第二次公布时,耶鲁排到了第一位,而哈佛位列第五。[494]《哈佛法学院记录》次年发表社论说,"耶鲁法学院就是第一名,哈佛仍然几乎完全依赖由霍姆斯、朗代尔和美国法草创时代的其他牛人所建立的声望,而耶鲁已经以无敌之态迈入现代。"[495]从20世纪90年代初开始,每五位被耶鲁录取的学生中会有四位去耶鲁报到。[496]

尾声:胜利? | 141

不过,耶鲁法学院在法学圈以外也需要曝光度。在提名鲍克担任最高法院大法官的听证会当中,媒体提到他曾担任耶鲁法学院教授,这在很大程度上是为了简单地表明他很聪明。[497]在批准托马斯担任大法官的听证会当中,阿尼塔·希尔(Anita Hill)与同校毕业的克拉伦斯·托马斯(Clarence Thomas)对峙,于是耶鲁本身变成了新闻。这也不仅是因为卡拉布雷西曾逾越常轨,说两位候选人他都信任。[498]准确地说,两位法学院毕业生在批准过程中针锋相对,卷入其中的校友包括参议员(托马斯的导师约翰·丹弗斯[John Danforth]和阿伦·斯派克特[Arlen Spector])、参议院工作人员(詹姆斯·布拉德尼[James Brudney])、关键证人(支持托马斯的卡拉布雷西、反对托马斯的德鲁·戴伊思、反对阿尼塔·希尔的约翰·道吉特)、学者(凯瑟琳·麦金农)和围观人士(媒体尽心捕捉耶鲁法学院的学生,拍下他们收看听证会的电视转播,还有学院休息室里的大横幅,那上面写着"恭喜你,托马斯大法官",又用几乎同样大的字写着"运气不好啊,女人!"许多学生被采访了多次),这为法学院平添了魅力。[499]记者们迫不及待地报道说:正像鲍克的任命之战以双方都是耶鲁校友为特色,这一次,纽黑文又成为了各方的交点,由此生出"一场家庭悲剧"——以及"机构的巨大荣耀"。《纽约时报》评论说,这份荣耀看上去有些古怪,"因为托马斯的故事既伤感又肮脏,除非人们认识到这个共同体有多么沙文主义"。[500]

如果把"黑暗年代"的校友希拉里·克林顿和她的丈夫比尔考虑进去,还有人会怀疑耶鲁法学院是靠自己的本事出名的吗?"一夜之间",法学院"在美国文化地图上占据了显要位置"。[501]如今,校友们可以声称耶鲁是最好且最被认可的法学院。卡拉布雷西在1992年说:"今年举国关注的几乎每件大事都贴上了耶鲁法学院的标签:克拉伦斯·托马斯—阿尼塔·希尔听证会,哈里斯·沃福德(Harris Wofford)成功当选宾夕法尼亚州参议员后民主党希望的重生,杰里·布朗(Jerry Brown)、比尔·克林顿和保罗·桑加斯(Paul Tsongas)之间的总统初选,杰克·丹弗斯(Jack Danforth)在《1992年民权法》(Civil Rights Act of 1992)通过当中的角色,费·文森特(Fay Vincent)为棒球的未来而进行的英勇斗争,派特·罗伯森(Pat Robertson)在共和党大会上的演说,希拉里·罗德姆·克林顿(Hillary Rodham Clinton)在总统大选中的角色,卡拉·希尔斯(Carla Hills)所促成的北美自由贸易协定(North American Free Trade Agreement),以及比尔·克林顿当选美国总统,所有这一切事件中都有核心参者——无论是好、是坏或不好不坏——毕业于这所小小的学院。"[502]（值得注意的是,信中也提到了共和党人,而且在同一封信中,卡拉布雷西还欢迎两位在他任上聘用的教授回归教学,他们刚刚结束在布什[Bush]政府的工作。[503]）一位《波士顿环球报》(Boston Globe)的记者也是耶鲁法学院的毕业生,正如他所言,如果这么多显赫的政治人物"都来自同一个只有1600人的小镇,或者同一所高中,那么记者们肯定要躲在寄存柜后面,努力搞清这个地方是如何对国家生活产生如此影响的"。[504]

这同样是甜蜜的。2001年,当希拉里·克林顿作为纽约州联邦参议员返回耶鲁时,她讲了自己为什么选择这所法学院。一位在哈佛读书的朋友邀请她参加鸡尾酒会,借机见见哈佛的教员们。她的朋友把她介绍给"一位看上去仿佛刚从电影《力争上游》(Paper Chase)的场景里走出来的哈佛教授",并宣称希拉里正"试图在我们和与我们最接近的竞争者之间作出决定。而那位教授不屑地看着我说,首先我们根本没有什么最接近的竞争者,其次我们不需要更多的女生"。[505]这个故事听起来如此真实,以至于不像是为取悦听众而杜撰的。无论哈佛曾经有多么傲慢,眼下,耶鲁赢了。

耶鲁并没有成为哈佛。它的规模之小令这成为不可能。不过,从20世纪80年代末起,虽然"黑暗年代"仍然投下阴影,耶鲁法学院却摆脱了另一道阴影。

对于一所以自我中心而闻名的机构来说,这是个好消息。但是自满并非耶鲁的风格。历史地看,正是不安全感、准确地说是在哈佛的阴影下生存,塑造了这所学院的特质。卡拉布雷西喜欢引用格兰特·吉尔莫的话:"'耶鲁法学院的黄金时代从来不在当下。它总是存在于过去……并且,只要我们做对一些事,它就能够在未来重生。'一直离得不远,一直奋然前行,永无到达之日,唯在记忆与希望中永存。"[506]

我很好奇查尔斯 E. 克拉克会说什么。在某种意义上,我可以想见他会露出骄傲的笑容。但是,以他多虑的性格,事涉他钟爱的学院,我可以想见他会担忧。我能听到他的诘问:如今,学生们之所以选择耶鲁,究竟是因为他所赋予那里的特质——就如学生们的许多"六十年代"前辈那样,还是因为《美国新闻和世界报道》的排名?如果耶鲁当上了第一名,耶鲁还能是耶鲁吗?

致谢

本文是根据我即将出版的一本关于耶鲁法学院的著作写成，我在那本书中更深入地探讨了本文所谈到的主题和事件。我非常感谢梅丽莎·莫里（Melissa Murray）、德里克·多恩（Derek Dorn）、卢卡斯·卡普斯（Lucas Cupps）、迪克西·罗格斯（Dixie Rodgers）和马特·斯奈顿（Matt Sneddon）的出色研究助理工作；南希·利昂（Nancy Lyon）和她服务的手稿与善本图书馆、凯伦·埃尔德曼（Karen Alderman）、玛芝·卡梅拉（Marge Camera）、南希·摩尔（Nancy Moore）、古尔盖恩·罗格斯（Georganne Rogers）和伊丽莎白·斯陶德曼（Elizabeth Stauderman）所提供的无法估量的帮助；邦尼·科利尔（Bonnie Collier）为学院口述史工程所做的访谈；基恩·考克利（Gene Coakley）的不辞劳苦;以及花时间对我讲述自己在耶鲁法学院经历的各位人士。我感谢以下各位阅读手稿的不同版本,有的人还读了不止一次:理查德·阿贝尔(Richard Abel)、布鲁斯·阿克曼(Bruce Ackerman)、克里斯汀·亚当斯(Christine Adams)、李·艾尔伯特(Lee Albert)、杰克·巴尔金(Jack Balkin)、约翰·布拉姆(John Blum)、圭多·卡拉布雷西(Guido Calabresi)、保罗·卡灵顿(Paul Carrington)、奥提斯·考克兰(Otis Cochran)、丹尼尔·恩斯特(Daniel Ernst)、威廉 L. F. 费尔斯汀纳(William L. F. Felstiner)、欧文·费斯(Owen Fiss)、贾斯汀·弗洛伦斯(Justin Florence)、罗伯特·哥顿(Robert Gordon)、莎拉·巴灵杰·哥顿(Sarah Barringer Gordon)、托马斯·格林(Thomas Green)、约翰·格里菲斯(John Griffiths)、约翰·哈里森(John Harrison)、亨德里克·哈托格(Hendrik Hartog)、汤姆·希尔宾克(Tom Hilbink)、安·希尔(Ann Hill)、N. E. H. 胡尔(N. E. H. Hull)、杰奥弗里·卡巴塞维茨(Geoffrey Kabaservice)、尼娜·拉哈夫(Pnina Lahav)、桑迪·列文森(Sandy Levinson)、威廉 E. 纳尔逊(William E. Nelson)、路易斯·波拉克(Louis Pollak)、艾德·普塞尔(Ed Purcell)、大卫·拉班(David Rabban)、查尔斯·莱克(Charles Reich)、约翰·亨利·施莱格尔(John

Henry Schlegel)、艾兰·沙列夫(Eran Shalev)、拉里·西蒙(Larry Simon)、艾维·索伊福尔(Avi Soifer)、伊丽莎白·斯陶德曼(Elizabeth Stauderman)、罗伯特·史蒂文斯(Robert Stevens)、埃莉诺·斯威夫特(Eleanor Swift)、大卫·楚贝克(David Trubek)、马克·塔什奈特(Mark Tushnet)、沃尔特·沃刚纳(Walt Wagoner)、哈里·威灵顿(Harry Wellington)和G.爱德华·怀特(G. Edward White)。我感激罗格斯大学卡姆登校区和哈佛法学院给我机会宣讲本文,也感谢之后收到的许多有益评论。我最感谢的是安东尼·克朗曼(Anthony Kronman)、尤其是W.兰道尔·加尔(W. Randall Garr),他们通过多种形式来鼓励我。

注 释

[1] Laura Kalman, *Legal Realism at Yale*, 1927—1960 (1986).

[2] Robert Stevens, "History of the Yale Law School: Provenance and Perspective."(载《耶鲁法学院史:一百五十周年系列讲座》一书。——译注)

[3] Thurman Arnold, *Fair Fights and Foul* 35 (1965).

[4] Kalman, supra note 1, at 105.

[5] Charles E. Clark, "Admission and Exclusion of Law Students," in Steve Sheppard, ed., *The History of Legal Education in the United States: Commentaries and Primary Sources* 903, 905 (1999).

[6] Robert W. Gordon, "Professors and Policymakers: Yale Law School Faculty in the New Deal and After"; Gaddis Smith, "Politics and the Law School: The View from Woodbridge Hall, 1921—1963."(载《耶鲁法学院史:一百五十周年系列讲座》一书。——译注)

[7] 这一主题经常在克拉克的院长报告中反复出现。Kalman, supra note 1, at 263 n. 36.

[8] Grant Gilmore, *The Ages of American Law* 87 (1977)(中译见格兰特·吉尔莫著,董春华译:《美国法的时代》,法律出版社2009年版。——译注).

〔9〕Stevens,"History," supra note 2.

〔10〕Eugene Rostow,"The Great Talent Hunt—1955—1959: Renewing the Yale Law Faculty," *Yale L Report* 7（Winter 1961）.

〔11〕波拉克在哈里·舒尔曼（Harry Shulman）院长任上获聘,在罗斯托任上获得晋升。

〔12〕Gerald Rosenberg, The Hollow Hope: Can Courts Bring About Social Change? 4（1991）.

〔13〕Mel Eflin,"The Case for Yale Law School: Students, Faculty, Ideals Take It to the Top," *Newsweek*, 100, 104（June 10, 1963）; 347 U. S. 483（1954）.

〔14〕See, e. g., Louis Pollak,"Racial Discrimination and Judicial Integrity: A Reply to Professor Wechsler," 108 *U. Pa. L. Rev.* 1（1959）; Charles Black,"The Lawfulness of the Segregation Decisions," 69 *Yale L. J.* 421（1960）.

〔15〕"我生气并不只是因为人走茶凉,反正老人几乎总是错的,但是,呃,看到费利克斯·弗兰克福特的得意门生在耶鲁法学院大批出没,实在让人惊讶！"克拉克在罗斯托接任院长一年后私下说。Quoted in Kalman, supra note 1, at 206. 1959年,克拉克告诉他从前的同事瑟曼·阿诺德（Thurman Arnold）,耶鲁"看来正沦为哈佛的附庸"。Id.

〔16〕Louis Pollak,"Ralph Brown: Farewell to a Friend," 108 *Yale L. J.* 1473, 1477（1999）.

〔17〕A Vigorous and Fruitful Tree: The First Annual Report of the Academic Committee to the Yale Law School Student Association, May 1967, Box 55, Student Association—Academic Committee First Annual Report Folder, Dean's Files, Yale University Archives（hereafter Dean's Files）. 报告根据一份学生问卷写成,问卷列举了一年级学生所开列的、选择耶鲁法学院而非其他法学院的三大主要理由:他们相信耶鲁是"全国最好的法学院"（51%

的学生将之列为三大理由之一);喜爱耶鲁教授"法律的社会视角"的名声(24%);以及相信那里的班级规模更小(18%)。The Yale Law Survey of Student Opinion, n. d. (administered March 1967), Box 54, Student Associations Folder, Dean's Files.

[18] Eugene Rostow to Deans Tate and Runyon, November 13, 1957, Box 46, Chron File, October, Dean's Files.

[19] 录取委员会在1962年的一份备忘录中哀叹:"哈佛能够吸引更多有能力的学生。"并汇报说:"哈佛法学院较之我们的最大优势之一,在于有很强的能力将哈佛本科学院的几乎所有最佳毕业生,以及耶鲁本科学院相当比例的最佳毕业生收入囊中。在哈佛录取的1595名学生之中,317人拥有哈佛学位,158人拥有耶鲁学位;我们(在591名录取学生之中)有137名耶鲁毕业生,但是只有26位来自哈佛。"Yale University Law School, A Memorandum on Admissions and Scholarships, 1962, Yale Law Library.

[20] Louis Pollak to Kingman Brewster, November 2, 1965, Box 36, Memoranda Folder, Dean's Files.

[21] 正如耶鲁法学院女性联合会(Yale Law Women Association)发行的《2001—2002学年度耶鲁法学院学生指南》(*Student Guide to Yale Law School, 2001—2002*)所指出的:"耶鲁基本上没有分数一说。在你就读的第一个学期,所有课程都只有合格与不合格之分,而且从没听说过不合格的实例。(不过流言称某些教授曾在极少数情况下要求成绩不佳的学生重考。)第一学期过后,课程成绩按照荣誉—合格—勉强合格—不合格分等。勉强合格和不合格都极少见。能否拿到荣誉成绩则不可预测——有的教授给得很少,而某些其他教授给荣誉成绩的比例高到大致相当于A或者B$^+$。因为不评分,学生通常都愿意分享笔记,组成大规模在线交流群,并互相帮助。(在争取某些教授的推荐、《耶鲁法学杂志》(*Yale Law Journal*)的岗位和某些法官助理职位时仍然存在竞争——不过不用争成

绩。)不好的一面则在于,雇主不知道如何理解耶鲁的成绩单。你需要花很多时间解释成绩的含义,并且另找方法来吸引雇主"。

[22] Jeff Greenfield, "The Yale Plot to Take Over America," *M*, at 76 (May 1992).

[23] Guido Calabresi to Friends and Graduates of Yale Law School, September 27, 1985 (Letters from the dean to friends and graduates of the law school are hereafter cited as Dean's Letters. 我感谢吉尔盖恩·罗格斯[Georganne Rogers]为我提供院长信件。).

[24] Yale Law School: Rules of the Wall, n. d. (c. 1995) ("The Wall" Folder, in possession of Georganne Rogers); conversation with Mike Thompson, June 2001.

[25] See, e. g., "Yale U. Spreads Its Vision of the Law by Educating Professors," *The Yale Herald*, March 4, 1999, via U-Wire:"根据耶鲁法学院的统计,该院校友仅占全国拥有法律学位者的1%。然而与此同时,美国律师协会(American Bar Association)所认证的大约180所法学院之中,有11%的法律教育工作者毕业于耶鲁法学院。"

[26] "At the Bar: The Lawyer Who Helped Set the Flag Debate Aflame Calmly Prepares to Go On," *New York Times*, June 22, 1990, at B5.

[27] "奇怪的是,几乎每本回顾某所法学院的著作都会将时代的终始设在院长易人之际,但是几乎没有证据表明该院长有任何作为。很难找到比这规模更大、更喧嚣的杂烩了。自朗代尔以后,极少有院长具备任何一以贯之的法律教育思想,更遑论原创思想。而那些确有思想的院长,例如哈兰·F. 斯通(Harlan F. Stone),一旦出了办公室的门就几乎全无影响力。" Alfred Konefsky and John Schlegel, "Mirror, Mirror on the Wall: Histories of American Law Schools," 95 *Harv. L. Rev.* 833, 39—40 (1982).

[28] 界定"六十年代"的方式有很多。比如,有人认为,"六十年代"作为美国史上的一个政治时代,始自1963年肯尼迪遇刺,终于最后一架美

国直升机1975年撤离越南。也有人会说,那个时代始自1960年占领素食餐厅长柜台之举,终于1970年的肯特州立大学枪击案。还有人主张,从文化上讲,"六十年代"始于1964年的"英国入侵",终于披头士乐队最后一张唱片《艾比路》(Abbey Road)1969年在美国上市。另有人认为,政治与文化的交叠令"六十年代"独一无二。据此看来,"六十年代"可能始于音乐剧"卡默洛特"(Camelot)的歌声和影像,终于1968年占领哥伦比亚大学或者1970年单曲《俄亥俄》(Ohio)问世,那首歌由克罗斯比(Crosby)、史蒂尔斯(Stills)、纳什(Nash)和扬(Young)共同演绎,哀悼肯特州立大学枪击事件中的四位遇害学生。有无数种可能的界定。这个时期仍然存有高度争议。美国史家对于其界定绝少有共识。

[29] Class Notes, *Yale L. Report* 42 (Spring 1993):"很多耶鲁人聚在一起观看新总统就职典礼。毕竟,就算比尔在黑暗年代并不在耶鲁读书,希拉里[·罗德姆]确实在。"比尔·克林顿于1970年秋季入学。1970届是第一届认同"黑暗年代"的,1972届则是最后一届。然而,当比尔·克林顿做学生时,黑暗年代的回响仍清晰可闻。

[30] 亦即,他们是"(1)非正式网络"的一部分,"该网络是基于(2)共同的信念和团结,因为(3)冲突性议题而动员起来,这种动员是通过(4)频繁使用各种抗议来进行的"。Donatella Della Porta and Mario Diani, *Social Movements: An Introduction* 16 (1999).

[31] Robert Borosage, "Can the Law School Succeed? A Proposal," 1 *Yale Rev. of Law and Social Action* 92, 94 (1970).

[32] See, e.g., Paul Savoy, "Towards A New Politics of Legal Education," 79 *Yale L. J.* 444, 450 (1970).

[33] Laura Kalman, *The Strange Career of Legal Liberalism* 52 (1996).

[34] Dedication, 84 *Yale L. J.* 405 (1975). 献词的动因是厄尔·沃伦离世,当时"六十年代激进主义"的高潮已经过去。但是"六十年代"的很多耶鲁法学院学生都对沃伦和他治下的最高法院怀有相同的情感。

[35] Lucas Powe, *The Warren Court and American Politics* (2000)(中译见小卢卡斯 A. 鲍威著,欧树军译:《沃伦法院与美国政治》,中国政法大学出版社 2005 年版。——译注)。

[36] Paul Campos, "Advocacy and Scholarship," 81 *Cal. L. Rev.* 817, 819, n.4 (1993)。

[37] "Huge Demand For Law Grads Seen for 1969—1970," *The Commentator*, October 28, 1969, at 6.

[38] Jerold Auerbach, *Unequal Justice: Lawyers and Social Change in Modern America* 278—279 (1976). 1968 年,克雷弗斯—斯韦恩—摩尔律师事务所(Cravath, Swaine, and Moore)将付给低年资律师的起薪调整为 1.5 万美元。时任纽约大学法学院副院长评论说,这是"我职业生涯中见证的最戏剧性的涨薪"。"Major Wall Street Law Firm Greatly Increases Salaries," *The Commentator*, February 14, 1968, at 1.

[39] "Law Firm Offers $15,000," *Harvard Law Record*, February 15, 1968, at 1, 4.

[40] "$15,000 Beginning Salary Evokes Reaction: Fears Loss to Service Jobs," *Columbia Law School News*, February 19, 1968.

[41] Michael Garret and Jean Pennington, "Will They Enter Private Practice?" 57 *A. B. A. J.* 663 (July 1971); John Robson, "Private Lawyers and Public Interest," 56 *A. B. A. J.* 332 (April 1970); John McGonagle, "New Lawyers and New Law Firms," id. at 1139 (December 1970).

[42] Philip Kazanjian, "Trouble in the Law: A Student's View," 58 *A. B. A. J.* 701 (July 1970).

[43] Albert Conard, "Remarks on Induction to the Presidency of the Association of American Law Schools, December 30, 1970," 23 *J. Legal Ed.* 366, 366 (1970).

[44] "Campus Events Close Law School; 'Pass-Incomplete' Grading

Adopted," *Columbia Law School News*, May 13, 1968, at 1, 3. 合格/不合格评分方式仅在那一学期获得采用。

[45] "Siegel Trial Begins, Federal Suit Dismissed," *The Writ*, November 5, 1969, at 1. 他被宣告无罪。"Law and Order Wins—People Free Siegel," id., November 26, 1969, at 1.

[46] "BALSA Stages Study-In; Black Admissions Key Issue," *Columbia Law School News*, May 13, 1969, at 1; "BALSA's Formal Proposal," id., April, 24, 1969, at 5; "Faculty Resolution of May 9, 1969," id., May 13, 1969, at 7.

[47] "The Rutgers Report: The White Law School and the Black Liberation Struggle," *Law Against the People: Essays to Demystify Law, Order and the Courts*, ed. Robert Lefcourt 232, 233, 240 (1971); and see Arthur Kinoy, "The Present Crisis in American Legal Education," 24 *Rutgers L. Rev.* 1 (1970).

[48] "Howard Students Seize Law School," *New York Times*, February 19, 1969, at A34.

[49] "Law Students Take Case to Court: Medical Protesters Return to Class," *Hilltop*, February 28, 1969, at 1; "Washington replaces Harris as Dean of the Law School," id. at 3.

[50] "Firebomb Hits Library Amid Wave of Blasts; No Clues Yet," *Columbia Law School News*, March 2, 1970, at 1.

[51] "Sound and Fury," *Harvard Law Record*, April 24, 1969, at 8.

[52] See, e.g., "Yale Law School Studies Revised Grading System," *The Commentator*, February 14, 1968, at 3; "Public Interest Law Firms," *Stanford Law School Journal*, November 19, 1970, at 4 (推荐了《耶鲁法学杂志》1970年5月号所发表的一篇关于公益律师事务所的学生短论,称之为"任何眼下对美国公益法现状有兴趣的人的必读物"); "Journals Vee-

ring from Grades-Only: National Trend to New Criteria," *Georgetown Law Weekly*, November 12, 1969, at 1. 该文包括一节:"耶鲁(在遴选《耶鲁法学杂志》成员时)不再只看成绩"。

[53] See, e. g., "Apathy Marks Student Views," *Columbia Law School News*, October 7, 1968, at 1;"Small Step Forward," id., October 28, 1968, at 4 (讨论"学生主流的极度冷漠")。

[54] 根据一份统计,耶鲁法学院 1969 届毕业生中的 15%、1970 届中的 9% 和 1971 届中的 11% 毕业后选择"公共服务"工作[诸如法律援助、公益律师事务所、为美国服务志愿队(VISTA)、和平队(Peace Corps)、全美有色人种协进会(NAACP)和美国公民自由联盟(ACLU)]。在宾夕法尼亚大学,这个数据是 0% (1969)、8% (1970) 和 10% (1970);在哈佛大学是 6% (1969)、6% (1970) 和 7% (1970);在哥伦比亚大学是 0% (1969)、5% (1970) 和 5% (1970)。Mark Green, "The Young Lawyers, 1972: Goodbye to Pro Bono," *New York*, February 21, 1972, 29, 33.

[55] 不妨从《耶鲁辩护人》(*The Yale Advocate*)中任选文章,与下列文章对比:"Total Student Control," *Harvard Law Record*, November 21, 1968, at 8 (将一份关于参与教师委员会的学生提案指为"哥伦比亚大学本科激进分子的行径",认为激进学生企图"攫取法学院的一切控制权");"The Front Page," *Stanford Law School Journal*, December 10, 1970, at 2 (讨论了《斯坦福日报》[*Stanford Daily*]"缺乏回应性的新闻做派",宣称该报无视那些"严重"伤害学校的、"激进派和中学生"实施的暴力行径);"SBA Blunder No. 671," *Georgetown Law Weekly*, April 19, 1972, at 2 (学生法律协会的成员进入教工休息室,打断教员们关于成绩评定的会议,并要求留下来讨论评分问题,而该报将学生的做法定性为"二流的卑劣煽动和初级的激进主义")。《哥伦比亚法学院新闻报》(*The Columbia Law School News*)的立场比《记录》(*Record*)和《周报》(*Weekly*)更左,但是我觉得直到 1969—1970 学年这份报纸才称得上一份"激进"报纸。据该报编辑说,学

校行政当时极度不爽,企图对《新闻报》进行审查。Barry Morris, "Letter to the Students, Faculty and Alumni," *Columbia Law School News*, November 11, 1969, at 8. 加州大学伯克利分校法学院的教员们也抱怨:《令状》(*Writ*)从 1968—1969 学年开始变得更加趋向激进主义了。"Constructive Criticism Please," *The Writ*, November 6, 1968, at 2.

[56] "Worst Piece of Shit I Ever Saw," *Yale Advocate*, October 2, 1969, at 2.

[57] 对沃尔特·波拉克(Walter Pollak)职业生涯的研究,见 Louis Pollak, "Advocating Civil Liberties: A Young Lawyer Before the Old Court," 17 *Harvard C. R.-C. L. L. Rev.* 1 (1982).

[58] 358 U.S. 1 (1958).

[59] Bickel interview with Maggie Scarf, October 28, 1974, Box 13, Folder 8, M. Scarf tapes, Box 13, Folder 8, Alexander Bickel Papers, Yale University Archives (hereafter Bickel Papers).

[60] Dedication, 84 *Yale L. J.* (December 1974).

[61] Anne Standley, "Alexander Bickel, Charles Black, and the Ambiguous Legacy of Brown v. Board of Education," Ph. D. diss. 168 (1993).

[62] Interview with Charles Reich, 2002. 除非另有说明,访谈均由我进行。See also Standley, supra note 61, at 168, 79.

[63] Alexander Bickel to J. Kirkpatrick Sale, May 18, 1967, Box 9, Folder 186, Bickel Papers.

[64] Alexander Bickel to Harold Leventhal, January 10, 1968, Box 10, Folder 148, id.

[65] Statement, May 17, 1968, Box 35, Folder 4, id.

[66] See, e. g., Alexander Bickel to William Hackett, June 18, 1968, Box 10, Folder 191, Bickel Papers.

[67] Alexander Bickel to Anthony Lewis, July 16, 1968, id.

[68] Edward Purcell, "Alexander Bickel and the Post-Realist Constitution," 11 *Harv. C. R. -C. L. L. Rev.* 521, 548 (1976).

[69] Boris Bittker, "Eugene V. Rostow," in *Collected Legal Essays* 148, 150 (1989).

[70] See, e. g., "Law School Statement Blasts Vietnam Policy," *Yale Daily News*, February 15, 1968, at 1. 该文指出157位耶鲁法学院学生和半数教员签署了声明,谴责美国的对越政策,宣称美国的战争目标不可能实现,并呼吁政治和军事缓和。教员中签字的有亚历山大·毕克尔、伯瑞斯·比特克尔(Boris Bittker)、拉尔夫·布朗(Ralph Brown)、圭多·卡拉布雷西、阿瑟·查本蒂尔(Arthur Charpentier)、马文·吉利尔斯坦(Marvin Chirelstein)、詹·德意志(Jan Deutsch)、托马斯·埃莫森(Thomas Emerson)、艾布拉姆·戈尔斯坦、约瑟夫·戈尔斯坦、约翰·格里菲斯、罗伯特·哈迪克(Robert Hudec)、杰伊·卡茨(Jay Katz)、弗雷德里克·凯斯勒(Freidrich Kessler)、艾伦·彼得斯、查尔斯·莱克、艾根·施韦布(Egon Schwelb)、约翰·西蒙、爱德华·斯贝尔(Edward Sparer)、克莱德·萨默斯(Clyde Summers)、大卫·楚贝克和哈里·威灵顿。

[71] 1968年春天,约翰逊政府宣布:除医学、牙医学或神学院学生及尚未完成两年修课任务的学生以外,终止对其他研究生的自动缓征。James Patterson, *Grand Expectations* 632 (1996). 肯尼迪同届的三位学生,由约翰·格里菲斯和史蒂文·杜克(Steven Duke)两位教授代理,针对义务兵役局的局长刘易斯·赫歇(Lewis Hershey)将军提起集体诉讼,指控他命令地方征兵局在1967年《义务兵役法》修改后不准将I-S缓征授予享受II-S缓征的研究生,而这一行为不妥。I-S缓征允许那些已经开始新学年的学生完成整个学年而不被征召。他们未能胜诉。"Students Here Sue Hershey," *Yale Advocate*, November 22, 1968, at 1; "Law Students Win, Draw In Draft Cases," id., February 20, 1969, at 1.

[72] 金曼·布鲁斯特(Kingman Brewster)是肯尼迪继母的兄弟,肯尼

迪在一次家庭聚会上把自己的小册子作为一个"挑衅性的笑话"呈给时任耶鲁校长的金曼。Interview with Duncan Kennedy, 2001. 该访谈见于Kingman Brewster Papers, Box 130, Folder 8, 1 of 2, Yale University Archives (hereafter Brewster Papers)。我引用的是发表的版本,该版本见Kennedy, "How the Law School Fails," 1 *Yale Rev. of Law and Social Action* 71 (1970)。

[73] Kennedy, supra note 72, at 77, 84.

[74] Id. at 84.

[75] Robert Stevens, "Law School and Law Students," 59 *Va L. Rev.* 551, 638, 641 (1973).

[76] Kennedy, supra note 72, at 72.

[77] Id. at 76.

[78] Id. at 85.

[79] "No Consensus On Grades Among First-Year Students," *Yale Advocate*, September 26, 1968, at 1.

[80] Id., Photo, at 3. 1967—1968学年是聘用侍者的最后一年。

[81] Results of First Year Grade Referendum, December 1967, Box 38, Grading Folder 1967—1970, Dean's Files.

[82] Report on the Meeting of the First Year Class, March 13, 1968, Box 38, Grading Folder, Dean's Files.

[83] "A Too Modest Proposal," *Yale Advocate*, October 24, 1968, at 2.

[84] "Yale Law School Studying Grading," *New York Times*, January 28, 1968, at 4; "Law Students Vote for Reform," *Yale Daily News*, December 12, 1968, at 1.

[85] Results of First Year Grade Referendum, supra note 81.

[86] "Law Students Vote for Reform," supra note 84.

[87] Yale Law School Faculty Minutes (hereafter YLS Faculty Minutes),

December 18，1968；Further Report of the Curriculum Committee on the Grading System, December 16，1968，Box 38，Grading Folder 1967—1970，Dean's Files；Additional Statement of Thomas Emerson, n. d.，id.

[88] YLS Faculty Minutes, December 18，1968.

[89] Id.

[90] Louis Pollak to Class of 1972，Box 36，Memoranda Folder, Dean's Files；YLS Faculty Minutes, December 18，1968.

[91] "Revolution at Yale: Credit/No Credit Replaces Traditional Grades," *Harvard Law Record*, January 30，1969，at 5. 该文重刊于密歇根大学法学院的《事实为证》，"Yale Adopts Pass-Fail Grading System," February 28，1969，at 5.

[92] 正如加州大学伯克利分校法学院的一位学生读遍各校法学院寄来的报纸之后所言，"看来所有法学院都在以某种方式考虑修改评分制"。"Grading Reform," *The Writ*, March 18，1970，at 1. 一位加州大学戴维斯分校法学院的学生读过各校材料之后，认为对于评分的指责"极其清晰，极其统一，极其普遍：评分会恶化竞争，却并非准确衡量法律思维[成就的指标]，这种反馈对于学生来说也没有价值"。教员们的反映也是如此："首先，评分制需要提供激励；其次，评分制应当帮助雇主准确地做出雇佣决策。""New Grading Policy Urged," *The Barrister*, May 11，1970，at 2，8. 这一时期，诸如斯坦福或哈佛之类的法学院在采用合格—不合格评分制的同时，允许学生另选优良中差制或百分制。这造成了合格—不合格评分制是差生庇护所的印象。而在耶鲁，所有学生都按照同样的标准来评分。

[93] *Yale Law Reporter*, 1970，at 40.

[94] YLS Faculty Minutes, December 18，1968.

[95] Louis Pollak to Macklin Fleming, June 23，1969，Box 7，Judge Macklin Fleming Folder, Dean's Files；see also "Affirmative Action at Yale

Law School," *Yale L. Report* 5 (Fall 1991).

[96] Yale Law School Admissions Committee, A Memorandum on Admissions and Scholarships, supra note 19.

[97] "Affirmative Action at YLS," supra note 95.

[98] YLS Faculty Minutes, May 2, 1968.

[99] "Active BLSU Prepares for New Courses," *Yale Advocate*, March 12, 1969, at 1.

[100] Presentments to the Administration of Yale University Law School, n. d. Box 131, Folder 9, Brewster Papers; Yale University Council Report of the Committee on the Law School, April 18, 1969, id. , Folder 3.

[101] Louis Pollak to J. Otis Cochran, December 16, 1968, Box 131, Folder 9, id.

[102] Black Law Students Union, Memorandum, December 16, 1968, id.

[103] YLS Faculty Minutes, December 19, 1968.

[104] Standley, supra note 61, at 49.

[105] Id. at 143—144.

[106] Id. at 138.

[107] Charles Black, "Some Notes on Law Schools in the Present Day," 79 *Yale L. J.* 505, 506 (1970).

[108] Louis Pollak to Kingman Brewster and Charles Taylor, December 18, 1968, Box 131, Folder 9, Brewster Papers.

[109] YLS Faculty Minutes, December 19, 1968.

[110] "Active BLSU Prepares Outlines for New Courses," *Yale Advocate*, March 12, 1969, at 1, 3.

[111] YLS Faculty Minutes, December 19, 1968.

[112] Id. , December 31, 1968.

[113] Id., December 24, 1968.

[114] Id.

[115] Louis Pollak to the Black Law Students Union, December 31, 1968, Box 131, Folder 3, Brewster Papers.

[116] Louis Pollak to Macklin Fleming, June 23, 1969, Box 7, Judge Macklin Fleming Folder, Dean's Files. 波拉克与弗莱明(Fleming)的书信往返重刊于 19 *Public Interest* 44 (September 1970)。

[117] A Statement to the Members of the Law School Community by Dean Francis A. Allen, October 8, 1969, included in University of Michigan Collection of *Res Gestae*.

[118] "And a Stillness Descended Upon Them," *Res Gestae*, October 17, 1969, at 10 ("经历了那么多漠视和疾呼,密歇根法学院仍然只有38位黑人学生,而'哥们儿咱没钱干这个啊'这种回应并不够令人满意。耶鲁有钱干这个,罗格斯有钱干这个。对,甚至密西西比大学也有钱干这个。")。

[119] "Support the BLSA Demands," *Res Gestae*, October 31, 1969, at 1, 2.

[120] Black Law Students Union to Yale Law School Faculty and Student Body, February 13, 1969, Box 56, BLSU Folder, Dean's Files.

[121] Ralph Brown to Richard Cahn, Box 56, BLSU Folder, Dean's Files; Yale University Council, Report of the Committee on the Law School, December 3, 1970, Box 43, University Council Folder, Dean's Files.

[122] Jerome Frank, "Why Not a Clinical Lawyer-School?" 81 *U. Pa. L. Rev.* 907 (1933).

[123] "Legal Aid Program Plans Expansion; Stress On Urban Law," *Yale Advocate*, October 10, 1968, at 1.

[124] Laura Holland, "Invading the Ivory Tower: The History of Clinical

Education at Yale Law School," 49 *J. Legal Ed.* 504, 512, 514 (1999).

[125] Id. at 512—521.

[126] Borosage, supra note 31, at 95.

[127] Pollak to Black Law Students Union, December 31, 1968, supra note 115.

[128] "Doing Their Clinical Thing: The Legal Services Program at Yale," *Yale L. Report* at 9, 11 (Fall 1970) (quoting Leon Lipson).

[129] Holland, supra note 124, at 523—524.

[130] Abraham Goldstein, "Educational Planning at Yale," 20 *J. Legal Ed.* 402, 406 (1968).

[131] "Negotiating Committee Asks Joint Student-Faculty Rule," Yale Advocate, February 6, 1969, at 1.

[132] Id. at 1, 4.

[133] "Groping for Community," id., May 1, 1969, at 2; "Bridging the Chasm," id., February 6, 1969, at 2.

[134] "Law, Grad Schools Face Changes; Tension High in Law School; 'Peaceful Revolution' at Hand," *Yale Daily News*, February 14, 1969, at 1.

[135] 教员小组包括托马斯·埃莫森、波拉克、马文·吉利尔斯坦、艾比·戈尔斯坦和罗斯托。

[136] The First Meeting of the Committee, n. d., Richard Hughes File (hereafter Hughes File). 我感谢理查德·休斯将他在委员会的笔记提供给我。《耶鲁规章》(*Yale By-Laws*)中有关教员的规定文本重印自 *The Yale Advocate*, April 3, 1969, at 4。

[137] "Faculty Rejects Proposals: Resolution Bars Voting, Any Regular Representation in Faculty Meetings; Committee Members Walk Out," *Yale Advocate*, April 3, 1969, at 1, 4; "Negotiating Committee Message," id at 2, 4.

［138］The First Meeting of the Committee, Hughes File.

［139］Id.

［140］"'大争论',1969年3月13日学生协商代表与全体教师在闭门会议中交流的笔记,此系较为准确的副本"。备忘录的副题是"保密:仅限学生协商代表阅览,绝密:不要让尤金·罗斯托看到这个"。n. d., Hughes File.

［141］Michael Egger to Louis Pollak, March 5, 1969, id.

［142］"Text of Summers Memorandum on Student Proposal," *Yale Advocate*, April 3, 1969, at 3.

［143］YLS Faculty Minutes, March 28, 1969. 戈尔斯坦本来想要禁止学生在委员会投票,从而进一步限制学生参与(id.),但波拉克有意将这个议题成功地模糊掉了。(Pollak to Brewster, February 27, 1969, Box 37, President's Office Folder, Dean's Files:"至少在某些委员会中,我认为有投票权的参与应被视作可以允许的安排[这个秋天和冬天,作为过渡措施,已经在一两个委员会中这么做了],但前提是全体教员保有采纳、修改或拒绝委员会提议的全部决策权。")埃莫森本来一直愿意允许6—10名学生参加教员会议(但不投票),无论这些学生是否参加教员委员会。YLS Faculty Minutes, March 28, 1969.

［144］The 3rd Meeting, April 1, 1969, Hughes File.

［145］Faculty Resolution, March 28, 1969, YLS Faculty Minutes.

［146］SNC to Dear Faculty Member, April 2, 1969, id. (*The Yale Advocate* reprinted the letter in the April 3, 1969 issue, at 2).

［147］Id.

［148］Id.

［149］Id.

［150］Jim Laney, Jim Phelan, Robert Borosage, Robert Vizas, Patricia Wynn, "Negotiations Lead to 'Weak Compromise,'" *Yale Advocate*, March

12, 1969, at 2. (相传罗马暴君尼禄迫害基督徒,将他们投入狮口,受害者极少幸存,故有基督徒打败狮子的说法。——译注)

[151] "有些遗憾的是,有人从一开始就认定我们的努力必定失败,而我们却屈服于这些人,我们自己也走到了空耗时间并造成混乱的境地。" SNC to Dear Faculty Member, April 2, 1969, supra note 146.

[152] "An End to Peace," *Yale Advocate*, April 3, 1969, at 2.

[153] Peter Yaeger, "Heroic Struggle," *The New Journal*, April 27, 1969, Hughes File; "To Boycott or Not or What?" *Yale Advocate*, April 17, 1969, at 1 (估计人群中共有 300—400 名学生和教员).

[154] "Negotiations to Reopen," *Yale Daily News*, April 14, 1969.

[155] The Open Meeting, n. d., Hughes File; see also "Heroic Struggle," supra note 153. (shitface 一词的原意是喝醉。——译注)

[156] Negotiations Reopened, April 16, 1969, Hughes File.

[157] Pollak to Class of 1972, supra note 90.

[158] 录取委员会可以吸纳学生代表,但是他们不得参与个案的处理。

[159] Supplement to Resolution on Student Participation, YLS Faculty Minutes, May 5, 1969.

[160] Faculty Minute on Principles Regarding Student Participation, April 28, 1969, id. Negotiations Reopened, April 16, 1969, Hughes File (受指派的代表可以参加会议,但是会议所处理的必须是他们所在的委员会曾经考虑过的议题).

[161] Memorandum from McL to KB, April 11, 1969, Box 131, Folder 3, Brewster Papers.

[162] McL to Brewster, April 10, 1969, id.

[163] Statement of Messrs. Hughes, Lewis, Spearman, Speth, Taylor, and Chairman Egger, Hughes File.

[164] Pollak to Class of 1972, supra note 90.

[165] "Negotiations Lead to 'Weak Compromise,' " supra note 150.

[166] Borosage, supra note 31, at 96.

[167] Jonathan Krown emails to Laura Kalman, March 24, 2001, April 10, 2001; "Merry Pranksters at Yale," *Yale Advocate*, February 20, 1969, at 1; "Blow Your Mind," id., February 6, 1969, at 1.

[168] "The Last Day Down," *Yale Advocate*, May 1, 1969, at 2.

[169] "另一个要求空间的群体是'学法律的嬉皮士'(或者叫雅皮士,因为法学院的学生都多少有些政治化)。" Borosage, supra note 31, at 95.

[170] See the various memoranda from Security Director John Powell to Jack Tate in Box 43, Yale University-Police Folder, Dean's Files.

[171] "It's Official Now—Girls Are Planning All-Year Live-In at the Law School," *Yale Advocate*, March 3, 1968, at 2.

[172] Jack Tate to John Embersits, February 14, 1968, Box 36, Memoranda Folder, Dean's Files; "Legalized Coed Living Only Needs Approval by University Officials," *Yale Advocate*, February 22, 1968, at 1.

[173] Vicky Jackson, Louise Nemschoff, and Anne Simon, *The Women's Law School Companion* 12 (June 1973; revised August 1974).

[174] Id. at 12.

[175] "Mixer!" *Yale Advocate*, September 26, 1968, at 3.

[176] 任课教师是芭芭拉·巴布考克(Barbara Babcock)。

[177] Barbara Brown, Thomas Emerson, Gail Falk, and Ann Freedman, "The Equal Rights Amendment: A Constitutional Basis for Equal Rights for Women," 80 *Yale L. J.* 871 (1971). 表明作者身份的脚注将布朗(Brown)、福克(Falk)和弗里德曼(Freedman)说成"耶鲁法学院1971届学生",称他们"在女权运动中表现活跃"。Id. at 872.

[178] Ann Freedman email to Laura Kalman, October 26, 2002; Jane Lazarre, *The Mother Knot* 32—44 (1997); Ann Hill, "If Men Were Taught Cooking," *The Advocate* (formerly *The Yale Advocate*), February 26, 1970, at 1.

[179] *Abele v. Markle*, 342 F. Supp. 800 (1972).

[180] Jackson, Nemschoff, and Simon, supra note 173, at 13; Hill, "If Men Were Taught Cooking," supra note 178, at 2.

[181] "Women Say Law Firms Discriminate," *Yale Advocate*, November 7, 1968, at 1.

[182] See, e. g., future California Supreme Court Chief Justice Rose Bird's comment on the situation of third-year women law students at Boalt in 1965, "3d Year Girls Lament (Fondly Dedicated to Dean Hill)," *The Writ*, May 1965, at 2.

[183] W. Haywood Burns, Betsy Levin, Peter Zimroth to Eugene Rostow, October 20, 1964, Box 2, Unmarked Folder, Dean's Files.

[184] Recommendations of the Yale Law School Placement Committee, February 18, 1971, Box 131, Folder 3, Brewster Papers.

[185] Joanne Stern email to Laura Kalman, March 12, 2002.

[186] "Women Say Law Firms Discriminate," supra note 181, at 1.

[187] "Women Need Not Apply," *Yale Advocate*, April 13, 1970, at 12.

[188] Panel: Concerns of the Yale Law Student Today, *Yale L. Report*, Special Report, September, 1969, at 4, 6 (hereafter 1969 Special Report).

[189] Judith Areen, Oral History (interview by Mary Clark); Stein, "Crazy Days," *The Washingtonian*, September 1996, at 50, 52.

[190] Jill Abramson and Barbara Franklin, *Where They Are Now: The Story of the Women of Harvard Law 1974* II (1986).

［191］1969 Special Report, supra note 188, at 8.

［192］Id. at 15, 21.

［193］"Students Provide Welcome for Alumni," *Yale Advocate*, May 1, 1969, at 1; Dennis Black email to Laura Kalman, March 28, 2001.

［194］Hughes File, n. d.

［195］"When Generations Collide," *Yale Advocate*, May 1, 1969, at 6.

［196］Id.

［197］Macklin Fleming to Louis Pollak, June 9, 1969, Box 7, Judge Macklin Fleming Folder, Dean's Files.

［198］Interview with Louis Pollak, 2001.

［199］Myres McDougal to Maxwell Cohen, July 3, 1969, Box 31, Dean's Files.

［200］Interview with Pollak; "Two Yale Law Deans to Relinquish Posts," *New York Times*, September 13, at A55.

［201］"Students Camp at Law School," *Yale Daily News*, September 22, 1969, 1.

［202］Borosage, supra note 31, at 95. 我不确定帐篷城存在了多久。当时博罗萨基(Borosage)说学生们在"秋天大部分时候"都维持着它(id.)，但是据《哈佛法学院记录》(*Harvard Law Record*)的一篇文章，学生们在耶鲁的后院待了两个礼拜。"Yale Bubbles up to Harvard's Hark," *Harvard Law Record*, October 23, 1969, at 1, 15.

［203］See, e.g., "Criminals Approach Boalt Hall Takeover," *The Writ*, October 15, 1969, at 1 ("上一年度,加州大学伯克利分校法学院的学生中有88%犯下了与大麻相关的罪行;72%可能是重罪犯"); "Law School News: Pot Survey, 491 Respond: 339 (69%) Say They Smoke Marihuana," *Columbia Law School News*, November 11, 1969, at 1; "Two-Thirds in *Commentator* Poll Smoke Pot; Three-Fifths of Non-Users for Legalization," *The*

Commentator, November 20, 1968, at 2; "Responses to Commentator Survey Indicate Users [of Marijuana] More Socially Aware, Liberal, Bold," id., December 4, 1968, at 2; "Marijuana Use High," *Stanford Law School Journal*, November 2, 1972, at 1.

[204] Krown email to Kalman, March 24, 2001.

[205] Charles Reich to Alexander Bickel, July 20, 1967, Box 7, Folder 125, Bickel Papers.

[206] Interview with Reich.

[207] Charles Reich, *The Greening of America* 394 (1970).

[208] Krown email to Kalman, March 24, 2001.

[209] Interview with Abe Goldstein, 2001.

[210] Interview with Pollak.

[211] Patterson, supra note 71, at 751.

[212] Pollak to the Faculty, October 1, 1969; YLS Faculty Minutes, October 2, 1969.

[213] Statement of October 2, 1969, YLS Faculty Minutes.

[214] YLS Faculty Minutes, October 2, 1969.

[215] Id.

[216] "Reviewer's Corner: One Principle Under God," *Yale Advocate*, October 23, 1969, at 3.

[217] Anthony Kronman, "My Senior Partner," 104 *Yale L. J.* 2129, 2131 (1995).

[218] Immanuel Wallerstein and Paul Starr, eds., *The University Crisis Reader: The Liberal University Under Attack* 69—70 (1971).

[219] Joseph Fashing and Steven Deutsch, *Academics in Retreat: The Politics of Educational Innovation* 281 (1971).

[220] Id. at 282.

[221] "50,000 Mass at Convocation on Green: Brewster, Lee, Udall, Denounce Viet War," *Yale Daily News*, October 16, 1969, at 1.

[222] "Brewster Responds to Harassment of Blacks," *Yale Daily News*, October 17, 1969, at 1.

[223] Yale Law School Student Association to Kingman Brewster, Statement, October 15, 1969, reprinted in *Yale Advocate*, October 15, 1969, at 1.

[224] "City Police Charge Seale in Murder," *Yale Daily News*, September 18, 1969, at 1; see generally, Yohuru Williams, *Black Politics/White Power: Civil Rights, Black Power, and the Black Panthers in New Haven* 136—158 (2000).

[225] John Taft, *May Day at Yale: A Case Study in Student Radicalism* 8—9 (1976).

[226] Standley, supra note 61, at 145.

[227] "Blacks at Yale Ask Changes in Police," *New York Times*, October 21, 1969, at A32.

[228] Report of the Disciplinary Committee to the Dean and Teaching Faculty concerning Mr. Eric L. Clay '72, Box 63, Folder 22, Bickel Papers.

[229] George Lefcoe email to Laura Kalman, September 1, 2002.

[230] Confidential interview.

[231] Testimony of Otis Cochran, reported in Report of the Disciplinary Committee, supra note 228.

[232] Lefcoe email to Kalman, September 1, 2002.

[233] "Blacks Disrupt Classes in Law School," *Yale Daily News*, October 21, 1969, at 1. The *New York Times* put the number of demonstrators closer to sixty. "Blacks at Yale Ask Changes in Police," supra note 227.

[234] "Blacks Disrupt Classes," supra note 233.

[235] Pollak to All Members of the Yale Law School, October 20, 1969,

Box 131, Folder 2, Brewster Papers.

[236] Report of the Disciplinary Committee, supra note 228.

[237] 我无法确定是谁要求会议秘密举行。波拉克觉得可能是毕克尔、凯斯勒或者戈尔斯坦,但不确定。Interview with Pollak.

[238] Louis Pollak to Walt Wagoner, October 27, 1969, Box 54, Student Associations Folder, Dean's Files.

[239] The Board of the Yale Law School Student Association, "Factual Statement Regarding Events of October 26," Box 131, Folder 8, Brewster Papers.

[240] YLS Faculty Minutes, October 26, 1969.

[241] Interview with Reich. 伯瑞斯·比特克尔说,虽然教员们并不觉得被当作了人质,但是有入狱之感。Interview, 2001.

[242] "BLSU Hits Disciplinary Proceedings," *Yale Daily News*, October 28, 1969, at 1.

[243] "Boycott Affects Yale Law School," *New York Times*, October 29, 1969, at A52; "Law Students to Strike if Demands Not Met," *Yale Daily News*, October 27, 1969, at 1; "Law School Strike Depends Upon Radical Leaders' Appeal," id., October 28, 1969, at 1.

[244] Louis Pollak, Statement, October 29, 1969, Box 131, Folder 4, Brewster Papers.

[245] Standley, supra note 61, at 147.

[246] "Faculty Tribunal to Hear Student's Case," *Yale Daily News*, November 3, 1969, at 1.

[247] Standley, supra note 61, at 151.

[248] "Faculty Tribunal," supra note 246, at 1.

[249] Standley, supra note 61, at 147.

[250] Id. at 146.

[251] 这是时任校务秘书的山姆·考恩西(Sam Chauncey)所记得的原因。Conversation with Chauncey, 2001.

[252] Interview with George Lefcoe, 2002.

[253] *Watts v. United States*, 394 U.S. 705 (1969).

[254] Standley, supra note 61, at 146.

[255] Report of the Disciplinary Committee, supra note 228.

[256] Interview with Lefoce;"Eric Lee Clay," www.jtbf.org/article iii judges/clay e.htm.

[257] George Lefcoe email to Laura Kalman, September 2, 2002. 我无法找到听审的笔记,或者和沃特、克雷及已故的约瑟夫·戈尔斯坦讨论过这件事。

[258] Kristine Olson, Kingsley Buh, Bob Herbat, Kirk McKenzie, Jeff Melnick, Raphael Podolsky, Barbara Rosenberg, Russell Zuckerman to Louis Pollak, December 4, 1969, Box 33, Discipline Committee *1963—69* Folder, Dean's Files.

[259] Lefcoe email to Kalman, September 1, 2002; interview with Lefcoe.

[260] Id.

[261] Report of the Disciplinary Committee, supra note 228.

[262] Standley, supra note 61, at 148; David Trubek email to Laura Kalman, January 4, 2002.

[263] Report of the Disciplinary Committee, supra note 228.

[264] Harold McDougall email to Laura Kalman, May 29, 2002.

[265] Id., May 31, 2002.

[266] Interview with Reich.

[267] 我不知道克雷有没有事先告诉沃特他打算如何回答这个问题。

[268] Report of the Disciplinary Committee, supra note 228. 约瑟

夫·戈尔斯坦和沃德·鲍曼（Ward Bowman）居于少数。

[269] Id. 罗伯特·鲍克（Robert Bork）、杰伊·卡茨和罗伯特·哈迪克构成多数派。

[270] Interview with Pollak.

[271] Id.

[272] Memorandum of L. H. Pollak on the Report of the Disciplinary Panel of November 25, 1969, relating to Eric L. Clay, '72, Box 131, Folder 2, Brewster Papers.

[273] Supra, text accompanying note 152.

[274] "Committee Readmits Suspended Students," *Yale Daily News*, November 11, 1969, at 1; "Executive Committee Decision on Wright Hall Occupation," id., November 12, 1969, at 2; "Suspended Yale Students Reinstated on Probation," *New York Times*, November 12, 1969, at A96. 作为克雷案的后续影响，教员们确实决定——不顾规模可观的少数派的反对——允许学生代理人出席法学院的纪律小组。YLS Faculty Minutes, May 6 and 11, 1970.

[275] "Who We Are: Lewis and Munday, A Professional Corporation," www.lewismunday.com/who1.htm.

[276] "Clay Sworn in as 6th Circuit Judge," *Michigan Lawyers Weekly*, November 10, 1997.

[277] *Simmons-Harris v. Zelman*, 234 F.3d 945 (2000), reversed, 536 U.S. 639 (2002); *Grutter v. Bollinger*, 288 F.3d 732, 758 (2002).

[278] Interview with Lefcoe.

[279] Standley, supra note 61, at 150.

[280] Louis Pollak to Joseph Goldstein, December 2, 1969, Box 132, Law School Discipline Folder, Brewster Papers.

[281] Id.

[282] Richard Abel email to Laura Kalman, April 30, 2002; Standley, supra note 61, at 156.

[283] Friedrich Kessler, Alexander Bickel, Guido Calabresi, and Ralph Winter to the Faculty, November-December, 1969, Box 60, Folder 10, Bickel Papers.

[284] Kronman, "My Senior Partner," supra note 217, at 2131.

[285] Standley, supra note 61, at 171.

[286] "Campus Unrest," Notes for Remarks, Peninsula Harvard Club, California 1970, November 4, Box 28, Folder 37, Bickel Papers.

[287] Standley, supra note 61, at 151.

[288] May Day Chronology, Box 8, Folder 81, Brewster Papers.

[289] Taft, supra note 225, at 79—80; and see Geoffrey Kabaservice, *The Guardians: Kingman Brewster, His Circle, and the Rise of the Liberal Establishment* (2004).

[290] Taft, supra note 225, at 96.

[291] Id. at 86.

[292] May Day Chronology, supra note 288; Taft, supra note 225, at 84—97.

[293] May Day Chronology, supra note 288.

[294] Robert Brustein, *Making Scenes: A Personal History of Turbulent Years at Yale, 1966—1979* 105 (1981).

[295] "Hopes and Fears at Yale," *Washington Post*, May 1, 1970, Box 37, President's Office Folder, Dean's Files; May Day Chronology, supra note 288.

[296] Taft, supra note 225, at 22.

[297] Id.

[298] Undated, untitled BLSU brochure, Box 56, BLSU Folder, Dean's

Files.

[299] Conversation with Ann Freedman and Harriet Katz, 2001.

[300] To Members of the Yale Community, From Trial Report Committee, Re: The Proceedings in the Black Panther Case, April 29, 1970, Box 60, Folder 11, Bickel Papers. 签署备忘录的是斯图尔特·贝克(Stuart Beck)、亚历山大·毕克尔、弗莱明、詹姆斯、丹尼尔·弗里德、玛丽·加拉格尔(Mary Gallagher)、约瑟夫·戈尔斯坦、大卫·肯代尔(David Kendall)、约翰·库恩斯(John Kuhns)、克里斯汀·奥尔森(Kristine Olson)、约翰·拉普(John Rupp)、欧文·斯考洛斯(Irving Schloss)和克莱德·萨默斯。

[301] May Day Chronology, supra note 288. 波拉克对耶鲁新闻局(Yale News Bureau)发表的谈话指出:"金曼·布鲁斯特校长上周表达了对于'黑人革命者在这个国家到底能否获得公正审判'的关切,而美国副总统的批驳恰恰反映了这种关切的合理性。" Statement, April 29, 1970, Box 37, President's Office Folder, Dean's Files.

[302] Alexander Bickel, "The Tolerance of Violence on Campus," *The New Republic*, June 13, 1970, at 15.

[303] Alexander Bickel, Joseph Bishop, Charles Black, J. H. Hexter, Martin Shubik, and C. Vann Woodward to Kingman Brewster, Box 10, Folder 206, Bickel Papers.

[304] Taft, supra note 225, at 30.

[305] May Day Chronology, supra note 288.

[306] James McNulty to Louis Pollak, April 27, 1970, Box 43, Yale University-Police Folder, Dean's Files.

[307] Id. See also May Day Chronology, supra note 288. 波拉克估计帮忙的学生超过100人。Louis Pollak to Joseph McCrindle, May 12, 1970, Box 32, Mac/Mc Folder, Dean's Files.

[308] Class Notes, *Yale L. Report 48* (Spring 1974), at 47—48.

〔309〕Id. at 48.

〔310〕Interview with Pollak.

〔311〕Pollak to McCrindle, May 12, 1970, supra note 307.

〔312〕Pollak to S. Burns Weston, June 24, 1970, Box 32, Letter from Dean Pollak to Alumni and Friends of the Law School Folder, June 1, 1970, Dean's Files.

〔313〕Collier interview with Goldstein.

〔314〕Abe Goldstein, "A Law School Memoir," *Yale Alumni Magazine* 38 (February 1977).

〔315〕Collier interview with Goldstein.

〔316〕*Durham v. U. S.*, 214 F. 2d 862 (1954).

〔317〕Abraham Goldstein to Erwin Griswold, February 24, 1964, Box 129, Folder 14, Brewster Papers.

〔318〕Collier interview with Goldstein. 戈尔斯坦关于法律与社会科学的著作如 Abraham Goldstein, *The Insanity Defense* (1967)。

〔319〕"Immigrant's Son to Head Yale Law," *New York Times*, March 10, 1970, at A1; "Action-Oriented Dean," id. at A49.

〔320〕校友周末被挪到秋天举办,这一安排延续至今。

〔321〕Robert Bork, *Slouching Towards Gomorrah*: *Modern Liberalism and American Decline* 42 (1996).

〔322〕Harry Wellington to Carl Dreyfus, April 11, 1968, Box 1, Folder D, Dean's Files; "Riot Insurance," 77 *Yale L. J.* 541 (1968).

〔323〕Bork, supra note 321, at 42.

〔324〕Standley, supra note 61, at 156.

〔325〕Interview with Lefcoe.

〔326〕Pollak to McCrindle, May 12, 1970, supra note 307.

〔327〕"Students Reject Yale Law Strike," *New York Times*, April 28,

1970, at 1, 44; Law School Vote Rejects Showdown," *Yale Daily News*, April 28, 1970, at 1.

［328］McNulty to Pollak, April 27, 1970, supra note 306.

［329］Pollak to Weston, June 24, 1970, supra note 312.

［330］Interview with Pollak; Pollak, supra note 16, at 1476.

［331］Remarks of Senator Hillary Rodham Clinton, Class Day, Yale University, May 20, 2001, http://clinton.senate.gov≈/clinton/speeches/010520.html.

［332］Bork, supra note 321, at 1, 37.

［333］Bickel, supra note 302, at 17.

［334］Brustein, supra note 294, at 115.

［335］May Day Chronology, supra note 288.

［336］Taft, supra note 225, at 168.

［337］"Endorse Strike: Law Students Hit War," *Yale Daily News*, May 5, 1970, at 1.

［338］Louis Pollak to Alumni and Other Friends of the Law School, June 1, 1970, Box 32, Letter from Dean Pollak to Alumni and Friends of the Law School Folder, Dean's Files.

［339］Bill Brocket, Statement, n.d., Box 34, Alumni Weekend October 1970 Folder, Dean's Files.

［340］Walt Wagoner, Commentary, WYNBC News, May 6, 1970, 12 noon, id.

［341］Taft, supra note 225, at 168—169. 布鲁斯特后来否决了这一计划。

［342］"Endorse Strike: Law Students Hit War," supra note 337.

［343］Richard Hughes email to Laura Kalman, August 25, 2001.

［344］Brocket, Statement, supra note 339.

[345] YLS Faculty Minutes, May 5, 1970.

[346] Id.

[347] "教员决议允许授课人做的事情仅限于：如果班级足够小，使得授课人可以合理决定学生当时是否已经令人满意地完成了基本达到课程要求的课业，那么就可以根据当时已经完成的课业评分。只要授课人无法根据当时已经完成的课业来充分评价学生（这在我们的课程中占多数），就需要履行通常的考试或课程论文义务（这些义务的履行时限则要灵活掌握）。简言之，5月5日的教员决议表明：只有在切实完成课业且令人满意的前提下，才能够授予学分，这一点应予坚持。" Pollak to C. Dickerman Williams, June 26, 1970, Box 32, Letter from Dean Pollak to Alumni and Friends of the Law School Folder, June 1, 1970, Dean's Files.

[348] Robert Schaus and James Arnone, *University at Buffalo Law School: 100 Years 1887—1987* (1992).

[349] Interview with Abe Goldstein by Bonnie Collier, October 16, 1996.

[350] WYNBC News Commentary, supra note 340.

[351] Id.

[352] See generally Stevens, supra note 75.

[353] Pollak, to the Alumni and Friends of the Law School, supra note 338.

[354] Alexander Bickel to Phil Neal, October 5, 1971, Box 10, Folder 219, Box 10, Folder 219, Bickel Papers.

[355] Mary McGrory, "Law Students' Peace Lobby: Senate Doors Open for Yale," May 18, 1970, Box 2, Folder 125, Bickel Papers.

[356] Pollak, Letter to Alumni and Friends of the Law School, supra note 338.

[357] Report of the Dean of the Law School, 1965—1970, Record Unit

12, Box 19, Brewster Papers.

[358] "Lexcetera"（quoting Brewster）, *Yale L. Report* 1（Summer 1971）.

[359] Yale University Council, Report of the Committee on the Law School, December 30, 1970, Box 43, University Council Folder, Deans Files.

[360] Dean's Report, 1970—1971. 1970年以来的所有院长报告都收藏于耶鲁法学院图书馆和耶鲁大学档案馆。

[361] "我想现在人们都知道:那座规模很小但受人尊崇的东部法学院的院长,曾经公开将从1967年到1970年的时间称作'耶鲁法学院的黑暗岁月',或者类似的说法。我认为,那个时期在一定程度上决定了我们这一届在耶鲁的地位,这并不是偶然的。"1970届的秘书在班级志中这样写道。*Yale L Report* 39（Spring 1973）。我没法找到戈尔斯坦"黑暗岁月"一说的书面来源。戈尔斯坦最可能是在校友周末时这么说的。Email, Abraham Goldstein to Laura Kalman, April 24, 2003, see, e. g., "The Changing Mood: A Report From the Dream," *Yale L. Report* 19, Fall-Winter 1971—72. 戈尔斯坦在某些报告中暗示了"黑暗年代"。

[362] "Lexcetera," supra note 358, at 1.

[363] Wini Breines, *The Great Refusal: Community and Organization in the New Left, 1962—1968* 18（1989）（quoting Todd Gitlin）.

[364] See, e. g., Class Notes, *Yale L. Report* 84（Winter 1981—1982）.

[365] Arthur Charpentier to Richard N. Cooper, November 1, 1972, Box 53, Budget-Related Correspondence Folder, Dean's Files.

[366] Unmarked, undated statement, Box 53, '72—73 Budget Folder, Dean's Files. 戈尔斯坦的继任者哈里·威灵顿也有同感。Wellington to Howard Friedman, October 13, 1977, Box 16, Wellington Chron File:"和大多数高等教育机构一样,耶鲁法学院面临财务问题。我们的问题比许多其他学校要小得多,也肯定比耶鲁的大部分学院要小。"

[367] Interview with Goldstein.

[368] Collier interview with Goldstein.

[369] Id.

[370] Kalman, supra note 1, at 195—199.

[371] Yale Law School Governing Board Minutes, March 7, 1959 (hereafter YLS Governing Board Minutes). 晋升决定在宣布时被相互错开了。

[372] Goldstein interview with Collier.

[373] Eugene Rostow to Tonia Ouellette, December 3, 1992, Box 25, Folder O, Dean's Files.

[374] Rostow to Ouellette, February 11, 1993, id.

[375] Interview with Guido Calabresi, 2001.

[376] 教员们还曾在20世纪50年代拒绝晋升约翰·弗兰克(John Frank),但那次决定是因为有的教员评价说他的作品太肤浅。Kalman, *Legal Realism*, supra note 1, at 195—199.

[377] Louis Pollak to Victor Stone, March 13, 1968, Box 32, Folder R, Dean's Files.

[378] Rostow to Ouelette, February 11, 1993, supra note 374.

[379] Louis Pollak to Truman Hobbs, July 12, 1966, Box 31, Folder H, Dean's Files.

[380] Douglas Lavine, "Has the Faculty Lost Its 'Fizz?' Yale Law: Fork in the Road," *The National Law Journal*, June 29, 1981, at 1, 26; John Henry Schlegel, "Critical Legal Studies: Notes Toward an Intimate, Opinionated, and Affectionate History of the Conference on Critical Legal Studies," 36 *Stanford L. Rev.* 391, 392 (1984).

[381] John Griffiths to Tonia Ouellette, February 11, 1993(我感谢约翰·格里菲斯为我提供这封信的复印件)。

[382] Tonia Ouellette, "The History of Academic Freedom and Tenure:

A Study of the Departures from Yale Law School in the Late 1960s and Early 1970s," quoting Trubek (hereafter "Study of the Departures"). 我感谢奥莱特(Ouellette)与我分享她的文章。

[383] Interview with Reich.

[384] Ouelette, supra note 382.

[385] Lavine, supra note 380, at 27.

[386] Abraham Goldstein to Governing Board, November 30, 1974, Box 291, Folder 5, Brewster Papers.

[387] Louis Pollak to Kingman Brewster and Charles Taylor, August 14, 1967, Box 130, Folder 7, Brewster Papers.

[388] Supra, text accompanying notes 214 and 215.

[389] Confidential interviews.

[390] Abel email to Kalman, April 30, 2003.

[391] Guido Calabresi to Michael Reisman, September 12, 1989, Box 27, Chron File, Dean's Files.

[392] John Simon to Earl Warren, October 24, 1966, letter given to me by Larry Simon. (拉里·西蒙和约翰·西蒙并非亲戚关系。)

[393] Interview with Larry Simon, 2002.

[394] "Law in High School Is Course Objective," *Yale Advocate*, April 3, 1969, at 1.

[395] Larry Simon, "The School Finance Decisions: Collective Bargaining and Future Finance Systems," 82 *Yale L. J.* 409 (1973). Another article, "Serrano Symposium: The Death Knell to Ad Valorem School Financing: Part III," appeared in 5 *Urban Lawyer* 104 (1973).

[396] See, e.g., interviews with Steven Duke, 2001 and Calabresi.

[397] Interviews with Lee Albert, 2001, and Simon.

[398] Larry Simon to Art Leff, October 22, 1973, Box 34, Appointments

Committee 1970—1973 Folder, Dean's Files.

[399] Addenda, November 20, 1973, Minutes of the Governing Board (hereafter YLS Governing Board Minutes).

[400] YLS Governing Board Minutes, December 26, 1974.

[401] Interview with Larry Simon.

[402] YLS Governing Board Minutes, June 8, 1965.

[403] John Griffiths and William Heckman, *The Draft Law: A "College Outline" for the Selective Service Act and Regulations* vii (1970).

[404] 当时对于受到征兵困扰的人几乎没有任何法律权利方面的指引。那个研讨班上的学生们着手填补真空，他们撰写论文，并编辑了一系列材料，为后来的《义务兵役法报告》(*Selective Service Law Reporter*) 奠定了基础。

[405] John Griffiths, *The Draft Law: A "College Outline" for the Selective Service Act and Regulations* (1968). 一家杂志将这本书描述为"如今令人费解的征兵法规的……最佳资料之一"。"The Draft," *Student Lawyer Journal*, March 1969, at 24.

[406] John Griffiths email to Laura Kalman, February 5, 2002.

[407] John Griffiths and Richard Ayres, "A Postscript to the Miranda Project: Interrogation of Draft Protestors," 77 *Yale L. J.* 300 (1967).

[408] John Griffiths email to Laura Kalman, June 1, 2003.

[409] Supra, text accompanying notes 214 and 215.

[410] Ouelette, "Study of the Departures," supra note 382; Griffiths email to Kalman, February 7, 2002.

[411] 格里菲斯作学生时曾在《耶鲁法学杂志》独立发表了两篇论文，一位赏识他的教授还在该刊的一篇文章中摘录了他的某篇期末考试论文。John Griffiths, "Charity versus Social Insurance in Unemployment Compensation Laws," 73 *Yale L. J.* 357 (1963); "Extradition Habeas Corpus,"

74 *Yale L. J.* 78 (1964); Charles Reich, "The Law of the Planned Society," 75 *Yale L. J.* 1227, 1235 (1966). 关于意识形态的两篇论文是:John Griffiths, "Ideology in Criminal Procedure, or a Third 'Model' of the Criminal Process," 79 *Yale L. J.* 359 (1970),和"The Limits of Criminal Law Scholarship," 79 *Yale L. J.* 1388 (1970) (评论 Herbert Packer, *The Limits of the Criminal Sanction* [1968]).

[412] Griffiths, "The Limits of Criminal Law Scholarship," supra note 411.

[413] YLS Governing Board Minutes, November 5, 1965.

[414] George Packer, *Blood of the Liberals* 246—251, 268—269, 270—271 (2000).

[415] Herbert Packer to Leon Lipson, March 17, 1970, Box 6, Folder 16, Bickel Papers. 派克将信复印并寄给了毕克尔、戈尔斯坦和威灵顿。

[416] Alex Capron to Louis Pollak, April 20, 1970, Box 131, Folder 4, Brewster Papers; Malcolm Pfunder to Louis Pollak, April 19, 1970, id.

[417] Interview with Simon.

[418] Interview with Guido Calabresi, 2003.

[419] 我对批判法学的更详细讨论见 Kalman, supra note 33, at 82—87。

[420] "A Discussion on Critical Legal Studies at the Harvard Law School," presented by The Harvard Society and The Federalist Society, The Harvard Club, New York City, May 13, 1985, 8—9.

[421] See David Trubek to Professors, Associate Professors, Assistant Professors, October 29, 1970, Box 34, Appointments Committee 1970—1974 Folder, Dean's Files.

[422] 1976 年,海勒和塔什奈特、楚贝克一道任教于威斯康星。

[423] "A Discussion on Critical Legal Studies," supra note 420, at 9.

［424］See, e. g., Mark Tushnet, "Critical Legal Studies: A Political History," 100 *Yale L. J.* 1515, 1544, n. 107（1991）："耶鲁法学院对批判法学的接受有力地表明:对于批判法学的威胁,耶鲁并不像某些法学院那样反应敏感。"

［425］威灵顿是肯尼迪的有力支持者,他曾把肯尼迪比作后来的佩里·米勒（Perry Miller）（Harry Wellington to Albert Sacks, December 2, 1975, Box 16, Chron File, Dean's Files; Wellington to Kennedy, January 9, 1976, id.）,不过有趣的是,威灵顿也确曾把肯尼迪的抨击性论文发给一位心理学家做评估。William Kessen to Wellington, October 22, 1969, Box 1, Folder K, Dean's Files.

［426］Memorandum of Poll, Governing Board, YLS Governing Board Minutes, December 15, 1970（报告说投票结果是21比7）。

［427］Interview with Kennedy. 肯尼迪当时已经上马的一项工程是对哈特（Hart）和塞克斯（Sacks）法律过程教学材料的著名——且多年未发表——的批评。Calabresi to the Governing Board, November 30, 1970）. 这大概是他深入虎穴的另一个原因。

［428］Harry Wellington to Governing Board, November 9, 1979, Box 12, HHW Masters 1975—1976, Dean's Files.

［429］Gary Minda, *Postmodern Legal Movements* 108（1995）.

［430］Martha Minow email to Laura Kalman, August 12, 2001.

［431］Guido Calabresi to Dan Tarlock, August 3, 1990, Box 58, Chron File, Dean's Files.

［432］YLS Governing Board Minutes, December 21, 1982.

［433］Id., February 10, 1982. 把布莱斯特说成批判法学的同路人值得商榷。布莱斯特的同事马克·凯尔曼（Mark Kelman）更明显是一位批判法学者,他在20世纪70年代被拒绝授予教职。YLS Governing Board Minutes, March 30, 1977; Harry Wellington to Ellen Peters, April 1, 1977,

Box 16, Chron File(要求她致电或致信凯尔曼:"可以这么说,我们完全愿意在将来某个时候聘用他,但我现在还不想和他讨论这个。")

[434] YLS Governing Board Minutes, November 11, 1981.

[435] 在20世纪70年代和80年代,最同情批判法学而又接受了工作邀请的是露辛达·芬利(Lucinda Finley),她后来未获终身教职就离开了耶鲁,而我相信原因与批判法学运动无关。

[436] Schlegel, supra note 380, at 400—401.

[437] 即便有人把现实主义的概念扩展到足够大,以包括霍姆斯、庞德和弗兰克福特的法理思想(see William Fisher, Morton Horwitz, and Thomas Reed, *American Legal Realism* xiiii [1993];Kalman, supra note 33, at 250, n. 1),结论仍然很明显:法律现实主义在20世纪30年代对哈佛法学教育并没有多大影响。Kalman, supra note 1, at 45—66.

[438] Joseph Singer, "The Player and the Cards: Nihilism and Legal Theory," 94 *Yale L. J.* 1, 6 (1984).

[439] Guido Calabresi to David Trubek, November 24, 1986, Box 57, Chron File, Dean's Files.

[440] 理查德·菲舍(Richard Fischl)对该指控的反驳见"The Question That Killed Critical Legal Studies," 17 Law & Soc. Inq'y. 779 (1992)。

[441] Kalman, *Legal Realism*, supra note 1, at 139.

[442] Guido Calabresi to Paul Carrington, 35 *J. Legal Ed.* 1, 23, 24 (1985).卡拉布雷西还算把阿瑟·列夫算进了虚无主义者群体。卡拉布雷西提醒我,他关于批判法学者与现实主义者相似性的评论,是为了回应卡灵顿让批判法学者离开法学院的建议(Paul Carrington, "Of Law and the River," 34 *J. Legal Ed.* 222 [1984]),而不是回应关于耶鲁应当聘用批判法学者的论调。"也就是说,我说没有人比(人人尊重和爱戴的)格兰特·吉尔莫更虚无主义……并不[是]为耶鲁辩护,而[是]……指出,我认为对于批判法学者的攻击很不对路。这封信……本身可信度高的另一个

原因是:院长为了给自己的法学院辩护,几乎可以口不择言;但是在为"其他机构的学者"辩护时,则只会说自己确实相信的事情"。Guido Calabresi email to Laura Kalman, August 21, 2001. 他的信正发表在院长任上。

[443] Guido Calabresi to Richard Fischl, September 4, 1987, Box 27, Chron File, Dean's Files.

[444] Id., September 28, 1987.

[445] Calabresi to Carrington, supra note 442, at 23—24; Owen Fiss to Paul Carrington, "'Of Law and the River,' and of Nihilism and Academic Freedom," 35 *J. Legal Educ.* 1, 24, 26 (1985); Kalman, supra note 33, at 83.

[446] Robert Gordon, "New Developments in Legal Theory," in David Kairys, ed., *The Politics of Law* 413, 417 (1990).(译注:凯瑞斯书)

[447] Mark Kelman, "Trashing," 36 *Stanford L. Rev.* 292 (1984).

[448] Interviews with Bittker and Paul Gewirtz, 2001.

[449] Edward Adams, "A Battle for Yale Law School's Soul? Offer to a Feminist Draws Fury," *National Law Journal*, February 15, 1988, at 3.

[450] 1970 年至 1976 年退休的有:凯斯勒、哈罗德·拉斯韦尔(Harold Lasswell)、弗莱明·詹姆斯、詹姆斯·威廉·摩尔(James William Moore)、弗莱德·罗戴尔(Fred Rodell)、迈尔斯·麦克杜格尔(Myres McDougal)和埃莫森。

[451] 这些人包括芭芭拉·布莱克(Barbara Black)、罗伯特·伯特(Robert Burt)、莫里斯·科恩(Morris Cohen)、哈隆·达尔顿(Harlon Dalton)、米尔伊安·达玛什卡(Mirjan Damaska)、德鲁·戴维斯(Drew Days)、唐纳德·埃利奥特(Donald Elliot)、杰克·盖特曼(Jack Getman)、葛维宝、雷尼尔·克拉克曼(Reinier Kraakman)、安东尼·克朗曼、杰里·马绍(Jerry Mashaw)、乔治·普利斯特(George Priest)、杰伊·波廷杰(Jay Pottenger)、彼得·沙克(Peter Schuck)、约翰·波廷杰(John Pottenger)、

李·布里迈尔(Lea Brilmayer)、史蒂芬·卡特(Stephen Carter)、亨利·汉斯曼(Henry Hansmann)、佩里·戴恩(Perry Dane)、露辛达·芬利、迈克尔·格拉兹(Michael Graetz)、奥利弗·威廉姆森(Oliver Williamson)和罗伯塔·罗玛诺(Roberta Romano)。

［452］Interview with Calabresi, 2001.

［453］Lavine, supra note 380, at 27.

［454］Alvin Klevorick, Robert Clark, and William Nelson. 我没有把格兰特·吉尔莫算在这群人里,他在戈尔斯坦院长任上重新加入了教员队伍,并拥有法国文学博士学位。

［455］杰里·马绍、安东尼·克朗曼、芭芭拉·布莱克、雷尼尔·克拉克曼、亨利·汉斯曼和奥利弗·威廉姆森。

［456］Martha Minow, "Law Turning Outward," 73 *Telos* 79, 91 (1987).

［457］YLS Faculty Minutes, October 24, 1978.

［458］Arthur Leff, "Law And," 87 *Yale L. J.* 989 (1978).

［459］Dean's Report, 1973—1974.

［460］Harry Wellington to Michael Horowitz, June 16, 1976, Box 16, Chron File, Dean's Files.

［461］Harry Wellington to A. Bartlett Giamatti, April 17, 1984, Box 17, Chron File, id.

［462］Harry Wellington, "Challenges to Legal Education: The 'Two Cultures' Phenomenon," 37 *J. Legal Ed.* 327, 329 (1987).

［463］芭芭拉·布莱克、罗伯特·伯特、莫里斯·科恩、哈隆·达尔顿、米尔伊安·达玛什卡、德鲁·戴维斯、唐纳德·埃利奥特、杰克·盖特曼、葛维宝、雷尼尔·克拉克曼、安东尼·克朗曼、杰里·马绍、乔治·普利斯特、杰伊·波廷杰和彼得·沙克。

［464］Dean's Report, 1980—1981; Harry Wellington to Jasper Cummings, August 6, 1981, Box 4, Yale University Council Committee on Yale Law School Folder, Dean's Files.

[465] Harry Wellington, Letter to Partners of Major Law Firms, January 1981, Box 17 Chron File, Dean's Files; Wellington to John Subak, November 14, 1980, id.

[466] Interview with Stephen Yandle, 2001.

[467] Abraham Goldstein, "On Harry Wellington at Yale," 45 *N. Y. Law Sch. Rev.* 13, 14 (2001).

[468] Lavine, supra note 380, at 26.

[469] David Shapiro to Guido Calabresi, February 4, 1984, Box 23, Folder S, Dean's Files (repeating quotation).

[470] Guido Calabresi to David Shapiro, February 7, 1985, id.

[471] Interview with Yandle.

[472] Paul Loeb, *Generation at the Crossroads: Apathy and Action on the American Campus* 264 (1994); Elaine Kerlow, *Poisoned Ivy: How Egos, Ideology and Power Politics Almost Ruined Harvard Law School* 49 (1994); Derrick Bell, *Confronting Authority: Reflections of an Ardent Protester* 44—46 (1995).

[473] "Law Students Stage Boycott," *Yale Daily News*, April 7, 1989, at 1, 7.

[474] Guido Calabresi to Friends and Graduates of the Yale Law School, October 20, 1989, Dean's Letters.

[475] Guido Calabresi to Marnia Robinson, May 5, 1993, Box 21, Chron File, Dean's Files. 卡拉布雷西接着写道:"如果我在院长任上有什么值得骄傲的,那就是我对这一点的强调。我认为这已经实现了,现在的学生真心喜欢这个地方。"Id.

[476] "200 Protest Speech by Nation of Islam Leader," *Yale Daily News*

Review, March 2, 1990, at 6. Feb, at 1.

[477] Guido Calabresi to the Law School Community, February 8, 1990, Box 58, Chron File, Dean's Files. 这个提醒可能并无必要。"双方都迅速指出,他们并不把这个事件看做言论自由问题。他有权在这儿演讲。"反对偏执委员会(Committee Against Bigotry)的一位学生活跃分子强调说。这个组织是由犹太法律学生会(Jewish Law Students Association)的成员在穆罕默德访问的消息公布后建立的,该组织针对穆罕穆德举行了一场和平抗议。"我们不想阻止他,但我们在他受邀演讲一事中受到了伤害。""Nation of Islam Spokesman Brings Controversy to Yale," *Yale Daily News*, February 9, 1990, at 1.

[478] Calabresi to the Law School Community, February 8, 1990, supra note 477.

[479] Guido Calabresi to Faculty, Staff, and Students, February 16, 1990, Box 58, Chron File, Dean's Files.

[480] "John Sexton Pleads (and Pleads and Pleads) His Case," *New York Times Magazine*, May 25, 1997 ("夸张的"); "Ivy Envy," id., June 8, 2003 ("拥抱院长")。

[481] 卡拉布雷西记得曾收到威廉·费尔斯汀纳针对此事发来的一封批评信,信写得既雄辩又辛辣。他把信转给了任命委员会。他说自己希望收到更多这样的批评。他看上去是真诚的。Interview with Calabresi, 2001.

[482] 只要《华尔街日报》(*Wall Street Journal*)登出学院的负面报道,这就会成为校友来信的常见主题。

[483] Guido Calabresi to Dorothy Robinson, September 22, 1992, Box 21, Chron File, Dean's Files.

[484] Harry Wellington to Mark Zimmerman, November 10, 1981, Box 17, Chron File, id. 他继续写道:"这一偏袒在某些情况下会对申请者有帮

助，但是只在同等情况下起作用。"卡拉布雷西解释说："耶鲁法学院对于毕业生子女的政策非常简单。在 100 份申请材料中，每份材料都要由三位不同的教员分别审看（本院每位教员都要审看申请材料），并按 4 分、3 分、2 分或 1 分评分，其中 4 分为最高分；之后，如果申请人是毕业生的孩子，就在总分加上 1 分。这样做带来的优势是有限度的，但并非微不足道。这意味着，当毕业生子女和非毕业生子女所获得的评分相同时，要优先录取毕业生子女。耶鲁本科学院和多数其他法学院都没有这种'正式'安排。但是他们在个案中经常以非正式手段给予更多差别对待。我认为那才更糟呢。"Guido Calabresi to Louis Mangone, November 1, 1991, Box 60, Chron File, id.

［485］See, e. g., Guido Calabresi to Leonard Marks, April 19, 1988, Box 62, Folder M, id.："我看了他的材料，如你所说，在我看来他很优秀。你能否请他给我打个电话？我很希望在暑期和他谈谈隔年从其他学校转学过来的可能性。"档案里塞满了这种信件。

［486］See, e. g., Catherine Weiss to Guido Calabresi, May 3, 1993, Box 25, Folder W, Dean's Files："当我昨晚在家接到您的电话，得知[我推荐的一位学生]被耶鲁法学院录取时，我吃了一惊。我的反应不是针对[他]被录取——您知道，我认为耶鲁从这个决定中会受益许多——而是因为您亲自打电话告诉我这个好消息。您很忙。我无法想象您是如何给维持个人联系留出时间，但是无论如何，您抽时间联系了我，我既感动又感恩。"读过卡拉布雷西的很多信件之后，我生出了和外斯（Weiss）一样的疑问。事实上，我不相信任何人在读了之后可以不惊呼，即便是以愤怒的口吻："该死，他太棒了！"

［487］Norman Boucher, "Yale Law Review: Is the Law School of Bill Clinton, Jerry Brown, Clarence Thomas, and Anita Hill Still Producing Public Servants, or Has the Ivy League's Conscience Gone Corporate?" *Boston Globe Magazine*, April 26, 1992, at 14, 39.

〔488〕Alan Hirsch, "Yale Law," *Connecticut*, at 103 (November 1994); see also "Yale Law: Inside the School That Cast the Thomas/Hill Drama," *Chicago Tribune*, October 28, 1991, at 1, 4.

〔489〕Guido Calabresi to Friends and Graduates of Yale Law School, November 2, 1987, Dean's Letters; interview with Calabresi, 2001.

〔490〕Owen Jones to Guido Calabresi, February 15, 1988, January 30, 1988, Box 61, Folder J, Dean's Files.

〔491〕Guido Calabresi to Louise Frankel, November 1, 1991, Box 60, Chron File, id.

〔492〕Jones to Calabresi, February 15, 1988, supra note 490.

〔493〕"Brains for the Bar," *U. S. News & World Report*, November 2, 1987, at 72, 73.

〔494〕"Law," *U. S. News & World Report*, March 19, 1990, at 59; "America's Top-Ranked Law School," id., at 61.

〔495〕"Yale Law School *is* Number One," *Harvard Law Record*, November 1, 1991, at 4; see also "Yale #1 Again!!," *Harvard Law Record*, March 20, 1992, at 1.

〔496〕Henry Hansman, "Higher Education as an Associative Good," www. educause. edu/ir/library.

〔497〕See, e. g., "Robert Bork Is More Than Just A Resume," *Business Week*, July 20, 1987, at 190:"鲍克的法律资质令人印象深刻——他曾任耶鲁法学院教授,现任职于全国最重要的上诉法院——这对于他获得青睐十分重要。"

〔498〕"At the Bar: In a Confirmation Hearing Filled with Yalies, the Law School's Dean Is Caught in the Crossfire," *New York Times*, October 11, 1991, at B7.

〔499〕See, e. g., "Yale Law: Inside the School That Cast the Thomas/

Hill Drama," supra note 484, at 1, 4.

[500]"Yale Law School Focuses on Reunion," *New York Times*, October 31, 1991.

[501] Hirsch, "Yale Law," supra note 488, at 104.

[502] Guido Calabresi to Friends and Graduates of the Yale Law School, November 19, 1992, Dean's Letters.

[503] Id. 他们是唐纳德·埃利奥特和迈克尔·格拉兹。

[504] Steve Stark, "The Yale Connection," *Boston Globe*, March 22, 1992.

[505] Remarks of Senator Clinton, supra note 331.

[506] Guido Calabresi to Friends and Graduates of Yale Law School, November 19, 1992, supra note 501.

附录

地　名　志

耶鲁大学法学院坐落在美国康涅狄格州纽黑文市。纽黑文是一座新英格兰的小城,东南侧为纽黑文港。城区主要街道多为东北—西南走向。城中心是一片绿地,称作**纽黑文中央绿地**(New Haven Green),是举行大型集会的场所。

纽黑文市也是一座大学城,耶鲁大学的建筑遍布全市。法学院位于中央绿地西北方向不远处,地址为**墙街**(Wall Street)127号。学院独立成院,呈等腰梯形。北侧隔**林街**(Grove Street)与**林街公墓**(Grove Street Cemetery)相望,东侧隔**高街**

(High Street)与本内克珍本书与手稿图书馆(Beinecke Rare Book & Manuscript Library)相望,南侧隔墙街与思特灵纪念图书馆(Sterling Memorial Library)相望,西侧隔约克街(York Street)与研究生院楼(Hall of Graduate Studies)相望。自研究生楼南行数步即为**莫利氏餐厅**(Mory's)。

法学院内建筑环抱**后院**(Courtyard),东侧为图书馆和教学、办公区,北侧、西侧、南侧为办公区。部分建筑曾作为宿舍之用。

图书馆全称**莉莉安·古德曼法律图书馆**(Lillian Goldman Law Library),分为6层,自上至下分别为 L5、L4、L3、L2、**L1/上东侧**(**Upper East Side**)、下东侧(Lower East Side)。上东侧主要收藏外国法和国际法图书,与 L1 位于同一层,中间以甬道连接。

本内克图书馆以东隔休伊特广场(Hewitt Quad),与**伍德布里奇厅**(Woodbridge Hall)相望。休伊特广场中曾置有雕塑,名为**卡特皮勒牌履带底盘上的(直立)口红**(Lipstick〔Ascending〕on Caterpillar Tracks)。雕塑起先由雕塑家克雷斯·欧登伯格(Claes Oudenburg)等建造,置于休伊特广场,作为反战抗议者的演讲台。1970年移除,以耐候钢和纤维玻璃重建,1974年至今置于摩尔斯住宿学院(Morse College)之中。

海伦·哈德利厅(Helen Hadley Hall,简称 HHH)位于法学

院东北方向,地址为庙街(Temple Street)420号。自HHH至法学院,需经庙街、林街,步行十余分钟,在小城内已属较远距离。近年HHH渐成中国学生聚居处,中国超市及中餐馆等多设在附近,略有袖珍唐人街之貌。

人　物　志[*]

1. 查尔斯·爱德华·克拉克（Charles Edward Clark，1889—1963），美国著名法学家。出生于康涅狄格州，先后毕业于耶鲁本科学院和法学院，后在纽黑文市从事律师业务。1919年起任教于耶鲁大学法学院，后为思特灵讲席法学教授。在程序法、财产法方面均有重要建树。1929年至1939年担任耶鲁大学法学院院长。任内兴修思特灵法学楼（Sterling Law Building），重组

---

[*] 按照人物在书中的出场顺序排列。

学院课程方案,强调法律的社会功能和交叉学科研究。1935年起任联邦最高法院民事程序咨询委员会报告人,对《联邦民事程序规则》的出台做出了主要贡献。1939年被富兰克林·德拉诺·罗斯福总统任命为联邦第二巡回法院(康涅狄格州在该法院辖区之内)法官。此前,耶鲁法学院院长托马斯 W. 斯旺(Thomas W. Swan)和亨利·韦德·罗杰斯(Henry Wade Rogers)均曾在该院任职。任内支持民权,主张司法能动。1963年于任内逝世。

2. 克里斯托弗·哥伦布·朗代尔(Christopher Columbus Langdell,1826—1906),美国著名法学家。生于新罕布什尔州,先后毕业于哈佛大学本科学院和法学院,后在纽约市从事律师业务。1870年起任教于哈佛大学法学院,担任戴恩讲席法学教授,不久即担任法学院院长,直至1895年辞职。朗代尔是现代美国法学教育的奠基人,也是形式主义法学的主要代表。他将案例教学法引入美国法学院,著有《契约法案例选》等书。他改革课程设置,规定法学院一年级新生一律修读《契约》《财产》《侵权》《刑法》和《民事程序》课程。

3. 罗伯特·梅纳德·哈钦斯（Robert Maynard Hutchins, 1899—1977），美国著名法学家和教育家。生于纽约州，求学于欧柏林学院，参加过第一次世界大战。战后毕业于耶鲁大学本科学院，担任耶鲁大学校务秘书。之后毕业于法学院并留院任教。1927年任法学院代理院长，1928年至1929年担任院长，时年不足30岁。任内大力推动现实主义法学的发展；建立人际关系研究所，促进法学与心理学、经济学、政治学等的交叉学科研究；身体力行，运用心理学方法研究证据法，发表《证据法片论》等文；自哥伦比亚大学延聘威廉O. 道格拉斯等现实主义学者任教。1929年赴芝加哥大学任校长，主张在本科生课程安排中突出原典阅读。后曾主持福特基金会及民主制度研究中心等。

4. 罗伯特·沃特森·哥顿（Robert Watson Gordon, 1941—），当代美国著名法学家。先后毕业于哈佛大学本科学院和法学院，并任教于纽约州立大学布法罗分校、威斯康星大学麦迪逊分校和斯坦福大学法学院。1995年赴耶鲁任教，现为首席法官肯特讲席法学与法律史教授，并兼任历史学教授。哥顿教授是批判法学的代表之一，他在法律史理论、法学教育和法律职业史等领域均有建树。

5. 格兰特·吉尔莫(Grant Gilmore,1910—1982,又译吉尔摩),美国著名法学家。先后毕业于耶鲁大学本科学院、研究生院(法国文学专业)和法学院,后在纽约州从事律师业务。1946年起任教于耶鲁,担任法学院和本科学院教授。1965年转投芝加哥大学,1973年回归耶鲁法学院并出任思特灵讲席教授,1978年赴佛蒙特大学法学院任教。吉尔莫教授在财产法、海商法、商法、契约法及法律史等领域均建树颇丰,他是《统一商法典》第9条的主要起草人。国内已出版的译作有:格兰特·吉尔莫著,董春华译:《美国法的时代》,法律出版社2009年版;格兰特·吉尔莫著,曹士兵、姚建宗、吴巍译:《契约的死亡》,中国法制出版社2005年版;格兰特·吉尔莫、C. L. 布莱克著,杨召南等译:《海商法》,中国大百科全书出版社2000年版;弗里德里奇·凯斯勒、格兰特·吉尔摩、安东尼·T. 克朗曼著,屈广清等译:《合同法:案例与材料》,中国政法大学出版社2005年版.

6. 尤金·维克多·罗斯托(Eugene Victor Rostow,1913—2002),美国著名法学家。生于纽约州,在纽黑文长大,毕业于耶鲁大学本科学院,并到剑桥大学国王学院学习经济学。后毕业于耶鲁大学法学院,在纽约州从事律师业务。1937年返回耶鲁大学法学院任教,后为思特灵讲席法律与公共事务教授。1955年至1965年担任法学院院长,任内推进法律和交叉学科研究,改革课程设置,增加讨论课和独立研究机会。罗斯托在民权和国际关系领域均颇有建树。他是最早质疑第二次世界大战日裔美国人收容制度的学者之一。他曾在约翰逊总统任上担任国务院排名第三的领导人,在里根总统任上主持军控和裁军局。1984年从耶鲁退休。

7. 亚历山大·莫德塞·毕克尔(Alexander Mordecai Bickle,1924—1974,又译比克尔),美国著名宪法学家。生于罗马尼亚,随父母迁至美国。先后毕业于纽约城市学院和哈佛大学法学院,后任联邦最高法院大法官弗兰克福特的助理。1956年到耶鲁大学法学院任教,后为思特灵讲席法学教授。作为20世纪最重要的宪法学家之一,毕克尔以主张司法节制闻名,他提出的"反多数难题"等经典命题至今为学人称道。国内已出版的译著有:亚历山大·M. 比克尔著,姚中秋译:《最小危险部门——政治法庭上的最高法院(第二版)》,北京大学出版社2007年版;亚历山大·毕克尔著,徐斌译:《同意的道德性》,中国政法大学出版社2016年版。

8. 小查尔斯·隆德·布莱克（Charles Lund Black, Jr., 1915—2001），美国著名宪法学家。出生于德克萨斯州，先后毕业于德克萨斯大学奥斯汀分校和耶鲁大学法学院，之后短暂服务于陆军航空队和达维律师事务所。1947 年赴哥伦比亚大学法学院任教，1956 年转投耶鲁大学法学院，后任思特灵讲席法学教授，1986 年回到哥伦比亚大学。作为 20 世纪最重要的宪法学家之一，布莱克以对布朗案判决的辩护而闻名，他在种族平等、福利权、总统弹劾和废除死刑等方面均著述颇丰。他与格兰特·吉尔莫合著的《海商法》亦成为领域内的经典之作。国内已出版的译著是：G. 吉尔莫、C. L. 布莱克著，杨召南等译：《海商法》，中国大百科全书出版社 2000 年版。

9. 圭多·卡拉布雷西（Guido Calabresi, 1932—，又译盖多·卡拉布雷西），美国当代著名法学家和法官。出生于意大利，随父母迁至美国纽黑文。先后毕业于耶鲁大学本科学院、牛津大学麦德林学院和耶鲁大学法学院，并担任联邦最高法院大法官胡果·布莱克的助理。1959 年回耶鲁大学法学院任教，现任思特灵讲席法学荣休教授，兼任教授级法学讲师。卡拉布雷西是法律经济学的主要创始人之一，尤以侵权法的经济分析而闻名。他的门生极多,仅最高法院就有托马斯、阿利托和索托马约尔三位大法官是他的学生。他于1985年至1994年担任法学院院长,任内推进法律与交叉学科研究。1994年担任联邦第二巡回法院法官,2009年成为资深法官。国内已出版的译著是:盖多·卡拉布雷西、菲利普·伯比特著,徐品飞、张玉华、肖逸尔译:《悲剧性选择:对稀缺资源进行悲剧性分配时社会所遭遇到的冲突》,北京大学出版社2005年版;圭多·卡拉布雷西著,胡小倩译:《理想、信念、态度与法律——从私法角度看待一个公法问题》,北京大学出版社2012年版;盖多·卡拉布雷西著,毕竞悦、陈敏、宋小维译:《事故的成本:法律与经济的分析》,北京大学出版社2008年版;盖多·卡拉布雷西著,周林刚、翟志勇、张世泰译:《制定法时代的普通法》,北京大学出版社2006年版。

10. 哈里·希勒·威灵顿(Harry Hillel Wellington,1926—2011),美国著名法学家。生于康涅狄格州纽黑文市,先后毕业于宾夕法尼亚大学和哈佛大学法学院,并担任联邦最高法院大法官弗兰克福特的助理。1956年到耶鲁大学法学院任教,后为思特灵讲席法学教授。威灵顿是杰出的劳动法学家,所著《劳动与法律过程》是法律过程学派思想应用于劳动法的典范,与克莱德·萨默斯合著(后艾伦·海德加入)的《劳动法》是美国劳动法学早期的代表作之一,与小拉尔夫·温特合著的《工会与城市》则是美国公共部门集体劳动法研究的开山之作。他在契约法和宪法领域亦有建树。1975年至1985年担任耶鲁法学院院长。任内聘用超过30名教授,重建法学院教员队伍。1992年转赴纽约法学院,任校长兼院长。

11. 费利克斯·弗兰克福特(Felix Frankfurter, 1882—1965),美国著名法学家,联邦最高法院大法官。出生于奥地利,随父母迁至美国纽约。先后毕业于纽约城市学院和哈佛大学法学院,并在纽约市从事律师业务,后供职于联邦政府战争部。1914年回哈佛大学法学院任教,主要讲授行政法。弗兰克福特持进步主义观点,主张司法节制,支持最低工资标准立法等社会改良措施。第一次世界大战时赴战争部工作,并担任总统调解委员会律师,调查重大劳资纠纷,以同情工人运动著称。1920年参与组建美国公民自由联盟,次年返回哈佛任教。富兰克林·罗斯福当选总统后,弗兰克福特深受信任,于1939年被任命为联邦最高法院大法官。任内坚持司法节制,但转而反对民权立法等进步主义举措,被视作保守主义的代表。

12. 厄尔·沃伦(Earl Warren,1891—1974),美国联邦最高法院大法官。出生于加利福尼亚州,先后毕业于加利福尼亚大学伯克利分校及其法学院,并到奥克兰市从事律师业务。后在加州议会司法委员会任职,担任县地检处检察官。1938年任加州总检察长,1942年起任加州州长。1948年代表共和党角逐副总统一职并落败。1953年任联邦最高法院大法官,开启了最高法院史上最为能动且最偏向自由派的时代。任内通过布朗诉教育委员会等案废除公立学校种族隔离,通过雷诺兹诉希姆斯等案废除选区划分中的种族歧视,通过吉迪恩诉韦恩怀特、米兰达诉亚利桑那等案强化犯罪嫌疑人的程序权利,通过纽约时报诉沙利文等案强化对言论自由的保护,通过格里斯沃德诉康涅狄格等案确立宪法隐私权。肯尼迪总统遇刺后,沃伦曾主持委员会调查此案。沃伦是美国史上最为杰出的大法官之一。他任内的许多案件都被介绍到中国,例如描写吉迪恩案的《吉迪恩的号角:一个穷困潦倒的囚徒是如何改变美国法律的?》(安东尼·刘易斯著,陈虎译,中国法制出版社2010年版),描写沙利文案的《批评官员的尺度:〈纽约时报〉诉警察局长沙利文案》(安东尼·刘易斯著,何帆译,北京大学出版社2011年版)等。研究沃伦法院的著作已被翻译成中文的有:莫顿·J. 霍维茨著,信春鹰、张志铭译:《沃伦法院对正义的追求》,中国政法大学出版社2003年版;小卢卡斯·A. 鲍威著,欧树军译:《沃伦法院与美国政治》,中国政法大学出版社2005年版。

13. 罗伯特·M. 卡沃(Robert M. Cover,1943—1986),美国著名法学家。出生于马萨诸塞州,先后毕业于普林斯顿大学和哥伦比亚大学法学院。1972年到耶鲁大学法学院任教。卡沃是杰出的宪法学家,他的名篇《法则与叙事》《暴力与言语》等至今为学者传诵。

14. 大卫·凯瑞斯(David Kairys,1943—),美国当代著名法学家。出生于马里兰州,先后毕业于康奈尔大学和哥伦比亚大学法学院。在费城创建律师事务所,主要从事宪法民权和行政法业务,并任教于宾夕法尼亚大学社会学系。1990年起任天普大学法学院教授。凯瑞斯以宪法、特别是民权法研究而闻名,对于批判法学亦有研究。他编辑的《法律中的政治:一个进步性批评》(原书第三版)由信春鹰翻译,2008年由中国政法大学出版社出版。

15. 邓肯·肯尼迪（Duncan Kennedy,1942—），美国当代著名法学家。先后毕业于哈佛大学和耶鲁大学法学院,并担任最高法院大法官波特·斯图尔特的助理。1971年到哈佛大学法学院任教。肯尼迪是批判法学的主要创始人之一,尤其擅长私法、社会法的批判法学研究。已出版的译著有:邓肯·肯尼迪著,蔡琳译:《法律教育与等级制度的再生产:法学院教育体系的批评》,中国政法大学出版社2012年版;邓肯·肯尼迪著,王家国译:《判决的批判:写在世纪之末》,法律出版社2012年版。

16. 路易斯·希尔普林·波拉克（Louis Heilprin Pollak,1922—2012），美国著名法学家。先后毕业于哈佛大学和耶鲁大学法学院,并担任最高法院大法官拉特勒支的助理。之后在宝维斯律师事务所从事律师业务,在国务院工作,并担任制衣业工会律师。1955年回耶鲁大学法学院任教,1965年至1970年担任院长。任内经历了法学院的"黑暗年代"。1974年赴宾夕法尼亚大学法学院任教,并担任院长。1978年起任宾夕法尼亚州东区联邦法院法官。

17. 葛维宝(Paul Gewritz),美国当代著名法学家。先后毕业于哥伦比亚大学和耶鲁大学法学院,在纽约南区联邦法院担任法官助理,后担任最高法院大法官瑟古德·马歇尔的助理。在威凯平和而德律师事务所华盛顿办公室工作一年后,赴法律与社会政策中心担任律师。1976年回耶鲁大学法学院任教,现为波特·斯图尔特讲席宪法学教授。葛维宝教授是杰出的宪法学家,他是宪法平等保护问题的代表学者之一,在法律与文学等领域亦有建树。在威廉·克林顿总统任上,葛维宝曾担任美国驻欧共体以法律促民主委员会代表,及中美元首法治计划美方特别代表。1999年建立耶鲁大学中国法律中心(现为中国中心)并担任主任。他曾多次主编中文著作,包括:《大规模侵权法律对策研究》(与张新宝共同主编),法律出版社2011年版;《中央与地方关系的法治化》(与张千帆共同主编),译林出版社2009年版;《中美法学前沿对话:人格权法及侵权法专题研究》(与王利明共同主编),中国法制出版社2006年版。

18. 托马斯·欧文·埃莫森(Thomas Irvine Emerson, 1907—1991),美国著名法学家。出生于新泽西州,先后毕业于耶鲁大学本科学院和法学院。之后短暂从事律师业务,曾与波拉克院长的父亲共事。旋即投身政界,支持新政和战时规制。先后供职于国家复兴局、国家劳动关系委员会、社会保障委员会、总检察长办公室、价格管制局、经济维稳局和战争动员与复员局。著有《支持新政的年轻律师:罗斯福岁月的内部人回忆录》一书。1946年回耶鲁大学法学院任教。埃莫森是杰出的宪法学家,在民权和言论自由方面均有建树。与哈伯等合著《美国政治和公民权利》一书,支持黑人、女性和其他少数群体的平权运动。在格里斯沃德诉康涅狄格案中担任上诉方律师,促使最高法院承认隐私权的宪法地位。所著《建构第一修正案的一般理论》和《表达自由的体系》均为言论自由领域的经典著作。

19. 艾布拉姆·萨缪尔·戈尔斯坦（Abraham Samuel Goldstein,1925—2005）,美国著名法学家。在纽约市长大,毕业于纽约城市学院。第二次世界大战时参加美国陆军,任爆破专家和反间谍探员。战后毕业于耶鲁大学法学院,并担任哥伦比亚特区联邦巡回法院的法官助理。在华盛顿从事律师业务,负责复杂的民事和刑事诉讼。1956年回耶鲁大学法学院任教,后为思特灵讲席法学教授。艾布拉姆·戈尔斯坦是杰出的刑事法学者,在刑事辩护、刑事诉讼体制、检察裁量等问题上均有建树,著有《精神失常辩护》《三大纠问制体系下司法监督的迷思》和《被动司法:检察裁量与有罪供述》等书。1970年至1975年担任法学院院长。任内努力维护学院团结,延聘优秀学者任教。

20. 约瑟夫·戈尔斯坦(Joseph Goldstein,1923—2000),美国著名法学家。出生于马萨诸塞州,毕业于达特茅斯学院。第二次世界大战时参军,从事日军密码的破译工作,战后参加驻日占领军。后于伦敦政经学院取得哲学博士学位,并毕业于耶鲁大学法学院。担任哥伦比亚特区联邦巡回法院的法官助理,之后在斯坦福大学、哈佛大学短暂任教。1956年回耶鲁大学法学院任教,后为思特灵讲席法学教授,并担任耶鲁大学儿童研究中心教授。约瑟夫·戈尔斯坦教授的主要贡献在于法律与精神病学和精神分析学的交叉研究,在刑法、宪法方面亦有建树。他与弗洛伊德的女儿等人合作,研究儿童与家事法,出版了"最佳利益三部曲"即《超越儿童最佳利益》《优于儿童最佳利益》和《在儿童最佳利益之中》,并以《儿童最佳利益——损害最小的替代措施》一书作结。

21. 小拉尔夫·K. 温特(Ralph K. Winter, Jr., 1935—），美国当代著名法学家和法官。出生于康涅狄格州，先后毕业于耶鲁大学本科学院和法学院，担任特拉华州联邦地区法院法官助理，及时任联邦第二巡回法院法官瑟古德·马歇尔的助理。1962年回耶鲁大学法学院任教。温特是杰出的劳动法学家，他与哈里·威灵顿合著的《工会与城市》是美国公共部门集体劳动法研究的开山之作，在与劳动法相关的反垄断问题上亦有建树。他还涉猎了宪法平等、公司法及法律经济学的研究。1982年起担任联邦第二巡回法院法官，1997年任首席法官，2000年成为资深法官。

22. 克莱德·威尔逊·萨默斯(Clyde Wilson Summers, 1918—2010），美国著名法学家。出生于蒙大拿州，先后毕业于伊利诺伊大学及其法学院。第二次世界大战期间在托雷多大学法学院任教，同时以良心反对者身份反对暴力。伊利诺伊州律师协会因此拒绝授予其执业资格，萨默斯上告联邦最高法院并败诉。战后在哥伦比亚大学法学院获得法学硕士和法学博士学位，后任教于布法罗大学，同时在劳动仲裁中代表工人出庭。1956年到耶鲁大学法学院任教。1975年转赴宾夕法尼亚大学法学院任教。萨默斯是美国劳动法学的主要开创者之一。他是美国工会民主法律理论的奠基人,对于1959年《兰德鲁姆—格里芬法》的通过发挥了重大作用,并深刻影响了最高法院对该法的解释。

23. **查尔斯·A. 莱克**(Charles A. Reich, 1928—),美国当代著名法学家和作家。出生于纽约州,先后毕业于欧柏林学院和耶鲁大学法学院。在纽约市从事律师业务,担任联邦最高法院大法官胡果·布莱克的助理,后在华盛顿从事律师业务。1960年回耶鲁法学院任教,讲授宪法、行政法和财产法。莱克是杰出的宪法学家,他集中关注大政府和大企业对于个人自由的侵蚀,提出运用宪法手段保护政府所创设的财富。这一观点反映在他的《新财产权》一文之中,并成为联邦最高法院在哥德伯格诉凯利案中的论证框架。20世纪60年代中期起兴趣转向人文,出版《美国的绿化》一书,肯定学生反文化,倡导"第三种觉悟",即自由选择真正的生活方式。该书成为畅销书。1974年辞职,定居圣弗朗西斯科。出版自传《波利纳斯礁的巫师》,在当地和耶鲁法学院任访问教授,后出版《反体制》一书。

24. 理查德·L. 阿贝尔(Richard L. Abel, 1941—),美国当代著名法学家。先后毕业于哈佛大学本科学院和哥伦比亚大学法学院,后获伦敦大学东方与非洲研究学院博士学位。1969年到耶鲁大学法学院任教,1974年转赴加利福尼亚大学洛杉矶分校法学院任教,现为迈克尔·J. 康奈尔讲席杰出法学荣休教授。阿贝尔教授是法律与社会研究及批判法学的重要创始人,在法律职业研究等方面均有建树。所著《美国律师》一书由张元元、张国峰翻译,中国政法大学出版社2001年出版。

25. 约翰·格里菲斯(John Griffiths),荷兰当代著名法学家。先后毕业于加利福尼亚大学伯克利分校和耶鲁大学法学院,担任联邦最高法院大法官阿瑟·哥德伯格和艾比·福塔斯的助理。先后在耶鲁大学法学院、加纳大学法律系和纽约大学法学院任教。1977年起到荷兰格罗宁根大学法律系任教,现为法律社会学荣休教授。格里菲斯教授是法律与社会研究的主要创始人之一,他在安乐死、法律多元主义等问题上均有建树。

26. 罗伯特·艾米尔·哈迪克(Robert Emil Hudec, 1934—2003),美国著名法学家。出生于俄亥俄州,先后毕业于凯尼恩学院、剑桥大学基督学院和耶鲁大学法学院,担任联邦最高法院大法官波特·斯图尔特的助理,后在美国贸易谈判特别代表办公室工作。1966年回耶鲁大学法学院任教。1972年转投明尼苏达大学法学院,2000年后到塔夫茨大学弗莱彻法律与外交学院任教。哈迪克是国际贸易法学的主要开创者之一。他以对国际贸易法的现实主义观点和实证主义研究而闻名,是关贸总协定/世贸组织法的专家,也曾在这两个组织及北美自由贸易区的纠纷解决机制中扮演重要角色。

27. 大卫·M. 楚贝克(David M. Trubek),美国当代著名法学家。先后毕业于威斯康星大学麦迪逊分校和耶鲁大学法学院,曾任联邦第二巡回法院法官、耶鲁大学法学院院长的查尔斯·克拉克的助理,以及美国国际开发署的法律顾问。1973年到威斯康星大学麦迪逊分校法学院任教,现为沃斯—巴斯康讲席法学荣休教授,兼任哈佛大学资深研究员。楚贝克教授是法律与社会研究的主要创始人之一,在全球化、人权、法律职业研究等领域多有建树,对于批判学、法律社会学亦有贡献。近年致力于法律与发展问题的研究。

28. 拉里·G. 西蒙(Larry G. Simon)，美国当代著名法学家。先后毕业于霍巴特学院和耶鲁大学法学院，担任纽约南区联邦法院法官和最高法院首席大法官厄尔·沃伦的助理。1968年回耶鲁大学法学院任教，1975年转投南加利福尼亚大学任教，现为赫伯特·A. 阿姆斯特朗讲席宪法学荣休教授。主要研究宪法，在种族平等、宪法解释理论等方面均有建树。

29. 凯瑟琳·爱丽丝·麦金农(Catherine Alice Mackinnon, 1946—)，美国当代著名法学家。出生于明尼苏达州，先后毕业于史密斯学院和耶鲁大学法学院，后获耶鲁大学政治科学博士学位。20世纪80年代在约克大学、芝加哥大学、哈佛大学、斯坦福大学和耶鲁大学等校任访问教授。1990年起任教于密歇根大学法学院，现为伊丽莎白·A. 朗讲席法学教授，并长期兼任哈佛大学詹姆斯·巴尔·埃姆斯讲席访问教授。麦金农是女权主义法学的主要创始人，也是杰出的宪法学家。她提出性骚扰属于性别歧视，建立了性骚扰的类型学，并作为代理律师成功说服最高法院接受其学说。她主张色情作品构成性别歧视，并推动这一观点写入某些城市立法。她的各项主张在很大程度上获得了加拿大最高法院的接受。她还主张强奸构成种族灭绝，代表受害人在美国法院获得了民事赔偿。国内已经出版的译著有:凯瑟琳·A.麦金农著,王笑红译:《言词而已》,广西师范大学出版社2005年版;凯瑟琳·A.麦金农著,曲广娣译:《迈向女性主义的国家理论》,中国政法大学出版社2007年版。

30. 克拉伦斯·托马斯(Clarence Thomas,1948—),美国联邦最高法院大法官。出生于佐治亚州,先后毕业于圣十字学院和耶鲁大学法学院。1974年任密苏里州总检察长助理,后在孟山都化学品公司从事律师业务。1979年任参议员立法助理,1981年任教育部主管民权事务的助理部长,次年担任联邦平等就业机会委员会主席。1990年担任哥伦比亚特区联邦巡回法院法官,次年担任联邦最高法院大法官,是有史以来第二位黑人大法官。受托马斯·索维尔的影响,托马斯大法官成为最高法院保守主义的代表人物,有较强的自由放任倾向。著有自传《我祖父的儿子:回忆录》。

译后记

这本书原是安东尼·T. 克朗曼（Anthony T. Kronman）编的《耶鲁法学院史：一百五十周年系列讲座》(History of the Yale Law School: The Tercentennial Lectures)的一章。2010年秋，我求学耶鲁，入学第一天就收到了院史。院史由讲座时的院长主编，多位校友参撰，新生人手一册，显然是法学院构建"想象共同体"的重要手段。顶尖法学院的"形象工程"是如此"高洋上"，我当年着实感慨了一番。

然而细读之下，这部官修正史却并非宣传品，更不是神话书。作为原书的最后一章，《黑暗年代》将耶鲁法学院的现代历史，追溯至1967年到1970年间。那是一个"天崩地裂、山谷陵替、格局剧变、悲欢离合的时代"：校园内外的风云齐聚到墙街

127号的小院,种族矛盾、性别矛盾、师生矛盾竞相爆发,主流与非主流、传统与反叛之间的张力左右撕扯,使得共同体濒临崩溃。然而,正是在苦难之中,法学院跌跌撞撞地走向新生,并一步一步地攀上了法学研究和教育的巅峰。身为黑暗年代中人,希拉里·克林顿(Hillary Clinton)曾在回忆录里写道:她不仅看重登上头条的事情(headline),更看重反映大势的线索(trendline)。黑暗的记忆曾经占据报端,而辉煌的线索已然隐伏其中。作者劳拉·凯尔曼(Laura Kalman)以董狐之笔,将交织在一起的明线和暗线描摹出来,揭示了寓于其中的关于法学院历史的辩证法。

在凯尔曼的笔下,耶鲁法学院是开放的,人们从四面八方聚拢过来,学院的影响力也辐射到世界各地;法学院又是封闭的,共同体内保有安稳如山的内聚力,学术传统一直在沉静而坚韧地生长。这是一部机构史,又是一部智识史。如果读者希望更全面地了解耶鲁法学院的智识演进,我推荐凯尔曼的两部专著:一是《耶鲁法律现实主义,1927—1960》;二是《耶鲁法学院与六十年代:反叛与回响》,也即本书的扩写版。

翻译这本书是耶鲁法学院中国校友的共同心愿,只是由我来执行而已。2015年12月中,我与田雷、刘晗、左亦鲁餐叙,商定了翻译计划,今年暑假用十天时间一气完成了译稿,配齐了地名志和人物志。亦鲁兄很可能是最热烈的支持者,因为书中提到了我们共同的导师——葛维宝(Paul Gewirtz)教授。当年学院图书馆起火,还在读书的教授及时报警,保全了无价的珍藏,也给学院提供了挣脱黑暗年代的契机。在纽黑文,法律博士候选人赵丹洋提供了插图照片,我在北大读书时的同门师妹、法学博士候选人刘真珍做了很多沟通工作。得益于北京大学出版社和白丽丽编辑的大力推进,这本书以最快速度呈现在读者面前。书出了,评断权就交到读者手里,而文责当然由译者来负。

我曾于2005年夏天短暂访问耶鲁,2010年正式入学,用四年时间先后获得了法学硕士和法学博士学位。和北大一样,耶鲁是我的母校,我深深地爱着她。我怀着无限的谦卑,翻开母校的历史,寻找一个个熟悉又陌生的名字。这是一座圣殿,而凯尔曼让殿堂中人生动起来、亲切起来。感谢作者。我们与母校共命运。

阎 天

2016年8月13日

北京大学法学院

著作权合同登记号　图字:01-2016-5723
图书在版编目(CIP)数据

黑暗年代:再造耶鲁法学院/(美)劳拉·凯尔曼著;阎天译. —北京:北京大学出版社,2016.11
ISBN 978-7-301-27637-2

Ⅰ.①黑… Ⅱ.①劳… ②阎… Ⅲ.①耶鲁法学院—校史 Ⅳ.①G649.712.8

中国版本图书馆 CIP 数据核字(2016)第 241859 号

The Dark Ages, by Laura Kalman from History of the Yale Law School, by Anthony T. Kronman.
ⓒ 2004 by Yale University Press.
Originally published by Yale University Press.

书　　　名	黑暗年代:再造耶鲁法学院
	HEI'AN NIANDAI: ZAIZAO YELU FAXUEYUAN
著作责任者	〔美〕劳拉·凯尔曼　著　　阎天　译
责任编辑	白丽丽
标准书号	ISBN 978-7-301-27637-2
出版发行	北京大学出版社
地　　　址	北京市海淀区成府路 205 号　100871
网　　　址	http://www.pup.cn
电子信箱	law@pup.pku.edu.cn
新浪微博	@北京大学出版社　@北大出版社法律图书
电　　　话	邮购部 62752015　发行部 62750672　编辑部 62752027
印 刷 者	北京中科印刷有限公司
经 销 者	新华书店
	880 毫米×1230 毫米　A5　7.25 印张　119 千字
	2016 年 11 月第 1 版　2016 年 11 月第 1 次印刷
定　　　价	28.00 元

未经许可,不得以任何方式复制或抄袭本书之部分或全部内容。
版权所有,侵权必究
举报电话:010-62752024　电子信箱:fd@pup.pku.edu.cn
图书如有印装质量问题,请与出版部联系,电话:010-62756370